Zen Budismo Para Todos

© 2021, Daniel Abreu de Queiroz
ISBN: 9798710864951
Capa: produção digital com a estátua "Hotei e criança", de autor desconhecido – Japão, 1820.
Todas as imagens neste livro são de domínio público, colhidas principalmente no acervo do The Metropolitan Museum of Art.

A162c
Zen Budismo para todos / Daniel Abreu de Queiroz. – Belo Horizonte: Edição do autor, 2021
ISBN: 9798710864951
2. Religião – Budismo. I. Abreu de Queiroz, Daniel. II. Título
CDD: 290 CDU: 224.245

Daniel Abreu de Queiroz

Zen Budismo Para Todos

Vol. IV:
Maitreya é você

Belo Horizonte
Edição do autor
2020

para Hotei

Prefácio

"Hotei abrindo um saco cheio de crianças"
Kita Busei - Japão (sec. XIX)

O "Buda Sorridente" – aquela figura de um monge com a barriga proeminente e "tetinhas de maionese"; carregando sempre um saco enorme e um sorriso ainda maior que tudo isso – virou um símbolo internacional tão popular do budismo, que é comum encontrar quem o confunda com o "Buda com B maiúsculo" (o "buda histórico", muito sério e muito magrinho, que pelo nosso calendário inaugurou o budismo na Índia por volta de 500 anos antes de Cristo e se chamava Sidarta Gautama; o Sábio do Clã dos Shakyas, ou "Shakyamuni").

Na verdade, essa imagem de um mendigo gordo e sorridente, carregando um saco, ilustra um monge zen budista, mais conhecido como Hotei, que viveu na China entre os séculos IX e X; cerca de mil e quinhentos anos depois de Sidarta.

Aqui, temos a oportunidade de esclarecer uma insistente barreira mundana que atrapalha muita gente – então peço desculpas à parte dos leitores que, como eu, não está interessada em toda essa chatice:

"Hotei" é a leitura japonesa do nome de um monge que viveu na China; onde os mesmos símbolos que compõem o seu nome são lidos de forma diferente: "Budai".

Então além do costume asiático de uma mesma pessoa adotar vários nomes e títulos, junto aos apelidos e nomes das montanhas pelas quais os mestres são muitas vezes indicados, ainda existe uma confusão extra, na hora de abordar esses textos em nosso alfabeto, porque um mesmo nome (escrito com ideogramas originalmente da língua chinesa e que também foram adotados pela língua japonesa) é lido de formas diferentes na China e no Japão – mais ou menos como o símbolo "♥" é lido "coração" em português e "cœur" em francês.

Na literatura zen budista, é frequente que mesmo os nomes de monges chineses sejam apresentados pela pronúncia japonesa (essa é, inclusive, a preferência nesta série, ainda que nunca uma imposição – eu inclusive uso de propósito duas formas diferentes pra uma coisa só, na intenção de deixar registrado que é possível e não existe uma "obrigação" com nomes).

A questão não é realmente complicada, mas causa frustração constante antes que alguém nos explique. Talvez o ideal fosse ignorar os nomes e tratar todos os casos como "um monge perguntou a um mestre," ou fórmulas similares em sua generalidade. No entanto, apegado a essa facilidade, eu estaria criando uma barreira grande demais para sair dos meus livros e abordar as obras mais tradicionais – quando parece bem mais razoável tentar diminuir a barreira até aquela imensidão de outros textos.

O cinema foi inventado por uns, mas se consagrou pelo trabalho de outros. De forma similar, apesar de sua origem chinesa, o zen budismo é amplamente atribuído ao Japão. Há justiça nisso. Foi no Japão que o zen budismo se popularizou e estabeleceu, ainda que sua história tenha começado na China – onde já tratávamos, inclusive, de uma revolução do budismo indiano.

Há uma série de comunidades envolvidas no desenvolvimento do que podemos confortavelmente aninhar hoje sob o mesmo nome de "zen budismo". Apesar dessa ampla colaboração, o papel do Japão no refinamento e divulgação do zen para o resto do mundo se sobrepôs.

O Buda Sorridente é um bom exemplo. Na China, onde ele nasceu e viveu, a sua história havia se perdido, soterrada na alternância de modas e interesses sucessivos.

Para os chineses, ainda hoje, o Buda Sorridente é amplamente considerado uma figura genérica da mitologia budista (彌勒佛 / Buda Mi Le, ou Maitreya) e chamado amigavelmente de "mestre Barriga Grande" (Da Du-zi / 大肚子). Sua figura foi incluída em mitos de várias religiões e finalmente se transformou em objeto de superstição popular.

Foram os japoneses – célebres por manter costumes importados da China, muito depois deles terem sido esquecidos em sua terra natal – que nunca deixaram de chamar o "Buda Sorridente" de Hotei (a pronúncia nipônica dos símbolos 布袋, que os chineses leem "Budai" e que significa "Saco de Pano").

Quem registrou, guardou, copiou e repassou esses textos foram principalmente os japoneses. Foi no Japão que a influência do zen ultrapassou a classe monástica de forma radical, permeando toda a sociedade.

Inicialmente, foi a classe guerreira dos samurais que abraçou e valorizou o zen. Em seguida, a sua filosofia curiosa e principalmente o seu senso estético – que encontrou afinidade instantânea no amor dos japoneses pela natureza – popularizaram a prática também entre os artistas, artesãos e donas de casa; eventualmente consolidando o zen como um dos pilares da cultura naquele país.

É por isso que hoje dizemos "zen" e não "chan", ainda que o nome "original" seja chan.

É apenas algo acidental. Não é importante e me parece igualmente válida a iniciativa de autores que têm preferido usar a pronúncia chinesa original, de forma que Joshu vira Zhaozhou e Rinzai vira Linji.

No final das contas, os nomes acabam se misturando ao longo do estudo, porque muitos mestres se popularizaram internacionalmente com uma pronúncia ou com a outra.

Não sabemos a data de nascimento do "Saco de Pano" Hotei, o Buda Sorridente – mas os documentos registrando a sua morte são de 916.

Também pelos registros da época,

preservados pelos japoneses, sabemos que ele era um mendigo andarilho, que costumava parar no meio do mercado das cidades que visitava e começava a gargalhar, de forma carismática e contagiosa – esse era o seu "sermão". Diz-se que às vezes a reação em cadeia dessa gargalhada contagiosa se espalhava pela cidade inteira.

Quando alguém lhe perguntava sobre o Dharma, ele costumava juntar as mãos e sorrir em silêncio.

Hotei também é lembrado por sempre levar consigo um grande saco, onde guardava comida, quinquilharias e, quando possível, brinquedos para as crianças – que o adoravam tanto quanto os pintores japoneses gostam de retratá-lo no meio delas.

Este quarto volume (um manual exaustivo, sem moderação nenhuma, sobre a identificação segura daquelas cobras em particular que têm nariz de tartaruga) é dedicado a Hotei.

Talvez fosse mais conveniente que ele fosse bonitão, atlético, bem vestido e cabeludo – sem hábitos suspeitos (entre os monstros) de mendigar, ou de andar entre as crianças. No entanto, o zen abraça as contradições e eu acho conveniente que ele seja inconveniente.

Será que até hoje, só você ainda não sabe? Abrace a sujeira do mundo! Seja o verdadeiro altar da terra. Aceite a reprovação do mundo! Torne-se o verdadeiro imperador do mundo.

Gordo ou magro, suspeito ou insuspeito, conveniente ou inconveniente – preso a esse tipo de dualismo, você está muito atrasado, jogando o videogame do universo com uma manete antiquada que só tem dois botões.

    É anacrônico e lamentável... Se alguém ainda por cima divide esses dois botões em "certo" e "errado", pra discriminar um deles e só usar o outro, essa limitação obstrui a claridade da mente, como um cisco que cai no olho.

    Desse jeito, você não vai conseguir brincar no meu Wu-Weistation.

Belo Horizonte, 2021
Daniel Abreu de Queiroz

Da antiguidade ao hip hop

Vamos começar com um poema de Hotei.

Mais tarde (você pode conferir num volume prévio) os primeiros versos dessa poesia foram sampleados por Ryokan (hoje, muita gente não sabe que a arte de samplear nasceu dentro da poesia).

De uma só tigela,
Eu como o arroz de mil lares.
Solitário,
Atravesso mil léguas.

Quem brilha em respeito,
Aos meus olhos,
São poucos.

Entre as nuvens brancas
Eu busco
A verdade.

Harmonizando os dez corpos de Buda

O grande mestre e poeta Ryokan sampleou versos de Hotei, adaptando-os à sua própria expressão.

Quando perguntavam sobre budismo para o Buda Sorridente, ele costumava juntar as mãos e sorrir em silêncio. No koan abaixo, percebemos que isso também pode ser sampleado.

Será que é imitação? Fala-se muito que o zen é espontâneo e que os mestres não colocam palavras dos outros nas próprias bocas, mas eles certamente estão sempre se referenciando uns aos outros. O que isso quer dizer?

Será que cada pessoa dizendo a palavra "eu" está copiando quem a usou antes? Se você responder que não, então será que não existem imitadores vergonhosos?

Se é possível ser um imitador vergonhoso, então será que cada pessoa precisa inventar um jeito novo de apontar pra si mesma?

Como separar quem disse "eu" com propriedade e quem disse "eu" apenas copiando os outros? Será que eu pode ser diferente de eu?

Esse koan fala de uma harmonização de dez corpos num só, mas você também deveria refletir sobre a desarmonização de um corpo só em dez.

Caso:

Um monge perguntou ao mestre Tosu Daido:
"O que significa a 'harmonização dos dez corpos de Buda'?"
Tosu ficou de pé e juntou as mãos.

O monge disse:
"Qual é a diferença entre o mundano e o sagrado?"
Tosu ficou de pé e juntou as mãos.

Comentário do mestre que anotou o caso:

Para experimentar por conta própria os corpos harmonizados, você deve se desprender da sua consciência ordinária e perceber que, desde o começo, nunca existiu nada a ser harmonizado. Basta investigar o que é silencioso e imóvel.
Tosu deita e rola na frente do monge, mas ele não entende.
Para apontar a diferença entre o mundano e o sagrado, é preciso entender que "mundano" é tudo aquilo que fica ao sul do Polo Norte e que "sagrado" é tudo que fica ao norte do Polo Sul.
Será que só você ainda não sabe?
"Na experiência mundana, nada é sagrado. Na experiência sagrada, nada é mundano."
Tosu dá cambalhota e se revira na frente do monge, mas ele não entende.

Versos:

Todos e cada um,
Todas e cada coisa;
Tudo é real e completo.

Quando desaparecem
A afirmação e a negação,
Lá está!

Juntando as mãos

O mestre Tosu Daido disse à assembleia:
Vocês vêm aqui procurando por novas frases e palavras; colecionando ditos brilhantes pra pendurar na própria língua e sair repetindo por aí. Acontece que eu já estou velho e minha energia é pouca. Meus lábios e minha língua estão cansados. Eu não tenho tempo pra conversa fiada. Se você tiver alguma pergunta, vou responder diretamente. No entanto, não existe mistério que possa se comparar com você mesmo.

Não vou te ajudar a empilhar palavras. Eu nunca vou dizer que aqui ou ali há um buda, ou um Dharma; algo mundano, algo sagrado...

Eu nunca vou dizer que você pode esclarecer a questão sentando com as pernas cruzadas. Cada um de vocês manifesta um universo inteiro. É a compreensão que surge a respeito de si mesmo e da sua própria vida, da natureza da sua existência no universo, que você precisa levar consigo para o futuro, colhendo o que plantou.

Eu não tenho nada a oferecer para colecionadores de frases; seja abertamente, ou subentendido. Se vocês tiverem alguma pergunta, eu vou responder.

Um monge perguntou:
"Então qual é a palavra final?"
Tosu disse:
"A palavra que você não entendeu no começo."

Origem

Um rei perguntou a um mestre:
"De onde vem a chuva?"
O mestre disse:
"Vem da sua pergunta."
O rei se divertiu muito com essa resposta e agradeceu. O mestre disse:
"De onde vem a sua pergunta?"
O rei não sabia o que dizer.

De um prefácio de Dogen

Quando despertou meu interesse pela iluminação, visitei vários professores, em busca de ensinamento. Quando conheci o mestre Myozen, do Mosteiro Kennin, eu o acompanhei por 9 anos; tendo oportunidade de conhecer um pouco da Escola Rinzai.

Mais tarde, viajei para a China e visitei mestres de ambos os lados do rio Zhe; para ouvir os ensinamentos das Cinco Escolas. Como estudante do mestre Rujing, no Pico Taibai, concluí minha jornada de aprendizado sobre a Realidade Última.

Por volta do ano 1230, voltei ao Japão com o sonho de espalhar o Dharma e salvar todos os seres vivos. Isso era um grande peso sobre mim.

Finalmente, abandonei esperanças quanto à vitória da Sabedoria Suprema e passei a simplesmente perambular por aí – como nuvem, ou alga – repetindo as palavras dos antigos sábios para quem quisesse ouvir.

Há muitos alunos sinceros, que não perseguem a fama, nem o lucro, e que desejam fervorosamente praticar o Caminho Verdadeiro. Eles podem ser ludibriados por professores incompetentes e, dessa forma, excluídos da compreensão correta. Envenenados pela confusão, eles geralmente passam muito tempo perdidos num mundo de ilusões.

Como cultivar a verdadeira semente da compreensão, trilhando o Caminho? Eu sequer tenho um mosteiro, ou uma montanha à qual endereçar os interessados. Preocupado com eles, eu gostaria de registrar a essência do que aprendi com o meu mestre. Eis o principal:

Dogen recomenda zazen

O Caminho Verdadeiro permeia tudo. Como é que alcançá-lo poderia exigir uma "iluminação", ou algum tipo especial de prática?

O ensinamento fundamental encontra-se disponível de forma ampla e inesgotável. Como é que qualquer esforço especial poderia ser exigido?

Além disso, o espelho inteiro é imaculado e originalmente livre de qualquer vestígio de poeira. Por que discutir métodos de limpeza, ou polimento?

Nada existe separado do próprio lugar que ocupamos. Qual é o sentido das longas jornadas procurando?

Apesar de tudo isso, saiba que se você errar o alvo, até por um fiozinho de cabelo, você estará tão distante quanto a terra está do céu. Se uma minúscula discriminação aparecer, você vai se perder em confusão.

Você pode ter orgulho da sua compreensão e experimentar uma liberdade extraordinária; você pode desenvolver um raciocínio tão espetacular que seja capaz de esclarecer a mente, alcançando o Caminho, mas, perambulando dentro da própria cabeça, você também pode estar se privando do aspecto fundamental de deixar que o seu corpo despenque.

Você deveria considerar o exemplo do próprio Buda, que praticou zazen por 6 anos, apesar de já ter sido abençoado por maravilhosa sabedoria intrínseca. Ainda celebramos o grande mestre

Bodidarma, que sentou de frente para uma parede na China por 9 anos, apesar de já ter recebido o selo de aprovação na Índia. Os sábios da antiguidade praticavam dessa forma. Hoje em dia, quem poderia negligenciar os cuidados que eles tiveram?

Por isso, não alcançamos a Realização Perfeita procurando por frases e perseguindo palavras. Volte para casa. Direcione a luz para dentro. O seu corpo e a sua mente vão despencar por conta própria e o seu rosto original vai aparecer.

Para praticar zazen, um lugar quieto é o apropriado. Beba e coma com moderação. Abandone todos os envolvimentos e deixe as dez mil coisas pra lá. Não alimente pensamentos positivos, nem pensamentos negativos. Não crie julgamentos de certo e errado. Desapegue-se dos processos da sua consciência e do pensamento analítico de introspecção.

Fazendo zazen, você não deve tentar "transformar-se" num buda. Como é que "ser um buda" poderia ter qualquer relação com sentar-se, ou ficar de pé?

Num lugar adequado para fazer zazen, coloque um tapete grosso no chão e uma almofada redonda por cima dele. Sente-se na posição de lótus completa, ou de meia-lótus.

Na posição de lótus completa, primeiro coloque o pé direito por cima da sua coxa esquerda, então coloque o pé esquerdo na coxa direita. Para a posição de meia-lótus, coloque o pé esquerdo por cima da coxa direita.

Afrouxe as amarras da túnica, ou do cinto, e

arrume as próprias roupas de forma solta e organizada. Coloque a mão direita em cima do pé esquerdo, com a palma para cima. Coloque a mão esquerda por cima da mão direita, de forma que as pontas dos dedões se toquem suavemente.

Deve-se ficar sentado ereto, sem entortar-se nem para um lado, nem para o outro; nem para frente, nem para trás. As orelhas devem estar alinhadas com os ombros. O nariz deve estar alinhado com o umbigo.

Descanse a língua no céu da boca, com os dentes e lábios fechados. Deixe os olhos abertos e respire suavemente através do nariz.

Depois de ajustar o seu corpo dessa forma, respire fundo uma vez – puxando e soltando. Balance o corpo para a esquerda e para a direita. Então endireite-se e pense o não-pensar. Como é que você pensa o não-pensar? Usando aquilo que está além dos pensamentos. Esse é o fundamento da arte de praticar zazen.

Esse zazen do qual falamos não é um "treinamento em meditação". É simplesmente o portão de paz e satisfação que leva ao Dharma. É a realização prática da iluminação completa.

Perceba a Origem, livre de tudo. Quando você experimenta isso, você é como um dragão nadando nas águas, ou um tigre descansando nas montanhas. O verdadeiro Dharma desabrocha a partir de si mesmo, desobstruindo impedimentos e distrações.

Ao levantar-se depois do zazen, mova o corpo calma e lentamente, sem afobação.

Com base em precedentes, entendemos que

ultrapassar o mundano e o sagrado – de forma que sentar-se e ficar de pé são atividades sem esforço e nem fronteiras – depende apenas do poder do zazen.

Além disso, provocar o ponto culminante através do levantar de um dedo, ou usando uma vara, uma agulha, ou uma faca; guiar as pessoas até a iluminação com um hossu, um pau, ou um grito – nada disso poderia ser esclarecido através do pensamento racional. Ao mesmo tempo, como seria possível atribuir origens sobrenaturais a esses poderes?

O zazen é uma experiência magnífica, além das cores e das formas. Como duvidar que ele precede as ideias? Por isso, não fique preocupado a respeito de quem é inteligente e quem não é. Não imagine diferenças entre o esperto e o tonto.

A verdadeira habilitação é praticar completo. A prática da Realização não é corrompida por atributos de exclusividade; é uma questão cotidiana.

No Japão e em outras terras, como na Índia e na China, os descendentes de Buda tinham o selo de aprovação e sempre recomendaram sentar-se imerso em quietude.

Ainda que as situações possam mudar de mil formas, dedique-se completo à prática do zazen, entregando-se inteiro ao Caminho. Por que abandonar um bom lugar para sentar-se na sua própria casa, em troca de romarias inúteis na poeira de lugares longínquos? Um passo em falso e você se desviou do Caminho.

Tendo recebido uma vida humana, não desperdice o fluir do tempo. Depois de conhecer o

Caminho de Buda, por que você iria se comprazer nas faíscas produzidas entre as pedras? Afinal de contas, as formas são como gotas de orvalho sobre a grama. A vida humana é como um relâmpago, passageira e ilusória; acaba num instante.

Assim, queridos amigos e amigas que praticam zazen, não tentem perseguir o elefante perfumado, nem se esforcem para agarrar o verdadeiro dragão. Cuidem apenas de acertar o alvo, apontando diretamente.

Reverencie e aproveite a mente que vai além da inteligência e de todos os feitos.

Experimente a iluminação dos budas, herdando o verdadeiro samadhi dos professores ancestrais.

Pratique simplesmente estar, continuamente, e você também será assim. O tesouro vai se abrir por conta própria, para que você o utilize como quiser.

Maitreya revivido

Há muita discussão sobre Hotei ter "se revelado" Maitreya – o "Buda do Futuro", ou entidade sobrenatural que, de acordo com as "profecias" das escrituras indianas, encarnaria entre as pessoas para renovar o ensinamento budista, depois de um longo período de declínio do Dharma.

Entre os cristãos, alguns interpretam certas partes da bíblia como alegoria e outros enxergam ali uma verdade factual. No budismo não é diferente.

Quando as escrituras "preveem" que o ensinamento de Buda vai alcançar um apogeu e depois entrar em declínio; para tornar-se popular novamente num futuro muito distante – pela influência de um buda que eles intitulam antecipadamente de Maitreya – talvez fosse mais como uma parábola, do que profecia. Talvez fosse alguém desenhando uma cobra que engole o próprio rabo, formando um círculo.

A abordagem do zen é esclarecida nessa resposta, atribuída ao próprio fundador da seita, Bodhidharma, sobre o princípio mais importante do budismo "diferentão" que ele ensinava:

"Imenso vazio. Nada sagrado."

"Nada sagrado" quer dizer sem santimônia, sem endeusar, sem presepada sobrenatural.

É possível falar de sagrado no zen, mas como um atributo de toda a existência. "Sagrado" é uma qualidade de tudo que existe. A partir de um certo ponto de vista, experimentamos esse "sagrado"; mas, mesmo que não experimentemos, o atributo continua lá para ser percebido pelos budas.

Pessoas, palavras e objetos selecionados não são sagrados em detrimento do resto. "Sagrado" não é um pacote que você possa apanhar, ou entregar pros outros.

A frase "Pedro usa óculos e Pedro não usa óculos" parece irracional, mas diz a verdade – porque, na prática, o nome Pedro se refere a várias pessoas diferentes. Da mesma forma, também está correta a frase "no zen, tudo é sagrado e nada é sagrado".

Quem não entende, não tem referência na realidade das coisas; está preso num mundo em que palavras e pensamentos referem-se a outras palavras e pensamentos, que se referem a outras palavras e pensamentos, sem nunca encostar no chão.

É quem sabe DEMAIS sobre "ideias" e "teorias" a respeito de "Pedro", ou tem a própria percepção apegada a uma compreensão estreita de "Pedro", que não entende a frase "Pedro usa óculos e Pedro não usa óculos".

O desenho de um cachorro representa ao mesmo tempo, de forma imperfeita, a aparência de vários cachorros diferentes – alguns bravos e outros mansos. Palavras e ideias são desenhos.

Com o pé no chão da realidade pertinente, "Pedro usa óculos e Pedro não usa óculos" é uma afirmação banal e perfeitamente lógica sobre Pedro – até sobre um mesmo Pedro, já que ninguém usa óculos o tempo todo.

Voltando a Maitreya, a época de ouro do budismo é considerada como todo o primeiro milênio depois de Cristo. A partir daí, é fácil encontrar referências ao "período de declínio pelo qual passamos".

Desde a antiguidade, em inúmeras seitas budistas, sempre houve matemáticos calculando exatamente quantos anos formam um kalpa, quanto tempo levaria o declínio do Dharma e o ângulo exato de cada uma das quinas no céu.

Então gente sensacionalista tenta endeusar um monge, através de uma interpretação histérica do seu yuige (versos de despedida do mestre para os discípulos), enquanto gente obcecada tenta recusar esse endeusamento, com base em cálculos – porque Hotei morreu mil e quinhentos anos depois do Buda, ainda no início do declínio e muito longe dos 98214670,35 mil anos que eles tinham calculado!

O gatilho foi esse poema, que Hotei escreveu à beira da morte. Eu o interpreto como uma forma de compaixão universal e não como uma "revelação", ou vaidade. Todo buda depois do Buda é Maitreya renascido. Dentro de cada ser senciente, existe um Maitreya esperando reconhecimento.

Quando o mundo das pessoas vai reconhecer ou não? Problema do mundo das pessoas! Maitreya é você! Então julgue você, por conta própria:

Maitreya – o verdadeiro Maitreya;
Trilhões de vezes renascido!

De tempos em tempos,
Ele se revela às pessoas;
Mas não é reconhecido por elas.

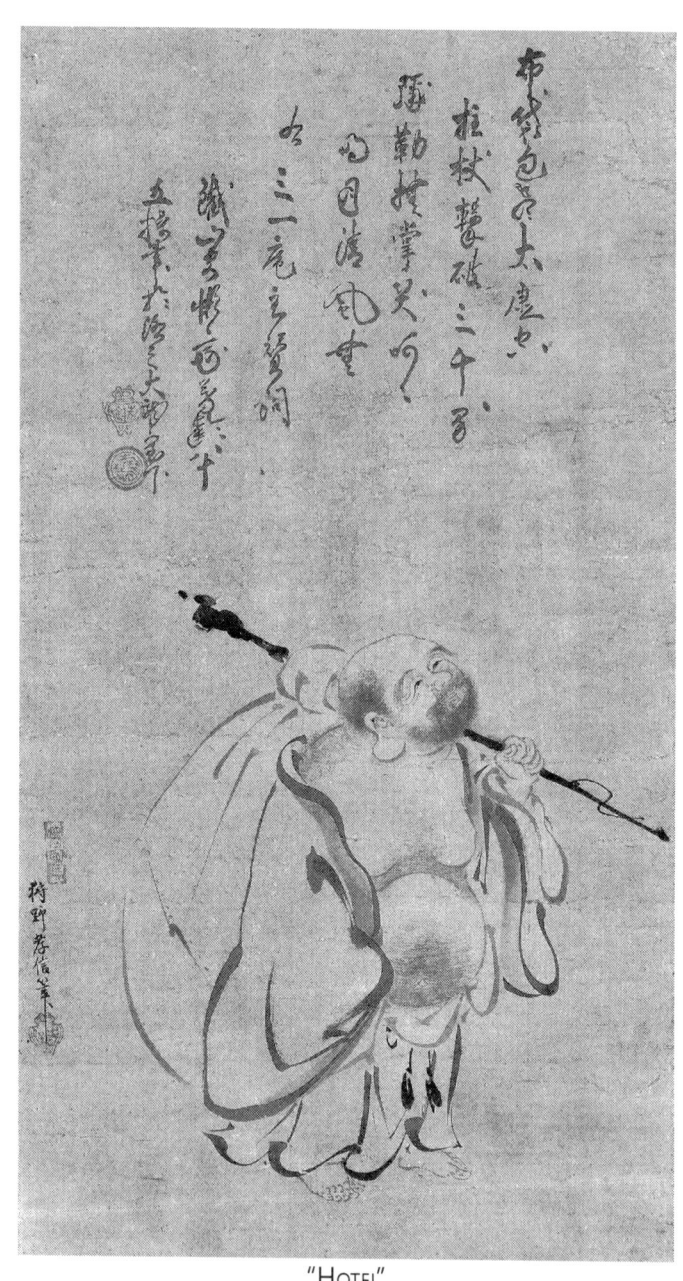

"HOTEI"
KANO TAKANOBU - JAPÃO (1616)

Tributo a Hotei

O saco de Hotei engloba o Grande Vazio.
Empunhando um cajado,
Ele perambula os três mil mundos.
Esfregando as mãos,
Maitreya gargalha – ha ha ha!
A lua brilha e o vento parou.

Maitreya renascendo sempre

Sem rastros.
Sem saber.
A copa das nuvens brancas não tem tronco.
Qual é a cor do vento puro que sopra?

Espalhando casualmente o lençol do céu.
Vigorosamente segurando a carruagem da terra.
Esclarecendo a origem profunda de dez mil eras.
Criando padrões para dez mil formas.

Assembleias de iluminados em cada partícula de todas as terras;
Cada pedacinho é Samantabhadra.
A porta da torre se abre;
Por toda parte é Maitreya.

Um santo e um ladrão

Nagarjuna – celebrado filósofo budista e 14º patriarca indiano, a partir de Sidarta – foi um asceta que andava pelado e possuía apenas uma tigela deplorável, com a qual mendigava por comida. Além de ser considerado um santo, ele também era renomado por seu intelecto brilhante e vários poderosos disputavam para consultar-se com ele.

Atendendo ao convite de uma rainha, a soberana pediu ao sábio que lhe entregasse a sua tigela, com a qual ela pretendia "santificar" um templo. O sábio entregou a sua única posse sem nenhuma hesitação. [Fazem muito disso, mas uma tigela é fácil de substituir.]

A rainha disse:
"Em troca, fique com essa outra tigela." [Viu?]

O filósofo recebeu então uma tigela de ouro maciço, encrustada com pedras preciosas, que ele também aceitou sem pestanejar, como se fosse qualquer outra tigela. [Agora sim; alguém que não entende.]

Fora do palácio, havia um ladrão que viu aquele senhor pelado, passando despreocupado com uma tigela valiosíssima na mão. Concluindo que não devia ser difícil roubá-la, o gatuno começou a seguir o santo.

Chegando às ruínas do templo abandonado em que Nagarjuna vivia, o ladrão ficou muito satisfeito. O lugar não tinha cercas, nem portas. Parecia fácil entrar e sair com a tigela, assim que o homem adormecesse.

O sábio, por seu lado, já tinha notado a presença interesseira do ladrão e, adivinhando suas intenções, jogou a tigela perto dele, antes de entrar no templo para se deitar. [De novo muito bom; alguém que entende.]

O ladrão entendeu que Nagarjuna estava lhe entregando a tigela, mas ao mesmo tempo não conseguia entender nada. Eventualmente, ele se aproximou do templo, sem coragem de entrar, e disse mesmo do lado de fora:

"Muito obrigado! Você certamente é uma pessoa muito incomum e despertou em mim um sentimento inesperado. Eu sei que estou desperdiçando a minha vida, dedicado ao roubo, mas eu também não saberia que rumo tomar. Eu poderia entrar, para conversar um pouco?"

Nagarjuna disse:
"Eu joguei essa tigela fora para te convidar."

O ladrão entrou; muito deslumbrado e reverente na presença do santo:
"Quantas vidas são necessárias, para que alguém se torne como você?"

Nagarjuna disse:
"Isso pode acontecer agora. É algo instantâneo e imediato."

O ladrão começou a rir:
"Você só pode estar brincando! Eu sou um ladrão inveterado. Por três vezes, já roubei do tesouro real, sem que ninguém fosse capaz de me apanhar! Como é que uma pessoa do meu tipo poderia ser transformada instantaneamente?"

O sábio disse:
"Mesmo que uma casa tenha permanecido na escuridão por centenas de anos, se alguém entrar com uma única vela, será o bastante para iluminar a sala. Será possível que a escuridão tenha o

poder de dizer: 'Já estou aqui há muito tempo e me recuso a sair!'? De que forma ela poderia resistir? Que diferença faz se aquela escuridão está ali há um dia, ou há milhares de anos? Agora, ou a qualquer momento, você sempre pode acender uma vela dentro de si mesmo."

O ladrão se curvou profundamente e se abriu:

"O que me atrapalha é que eu não sei como alimentar a minha família, caso seja forçoso abandonar a minha profissão."

Nagarjuna disse:

"E quem foi que disse que você precisa abandonar a sua profissão?"

O ladrão estava confuso:

"Que eu saiba, todos os santos e sábios dizem isso. Todos eles repetem que é proibido roubar."

Nagarjuna riu-se disso e respondeu:

"Parece que você anda ouvindo a um monte de ladrões enrustidos, chamando a si mesmos de santos e de sábios. Que diferença faz a sua ocupação? Qual a relação disso com ter ou não ter uma vela dentro de si mesmo? O que você precisa fazer é voltar sua atenção para a própria respiração. Volte toda a sua atenção para o ar que entra. Sinta com toda sua atenção o ar que sai. Isso é tudo. Quando você entrar na casa de alguém à noite para roubar, continue observando a respiração. Independente do que você fizer, mantenha essa prática. Isso é tudo."

O ladrão disse:

"Não tem nenhum código de conduta? Nenhuma lista de obrigações e proibições?"

O mestre confirmou:

"Não."

Algum tempo depois, o ladrão estava de volta:

"Tamanho é o seu ardil, mestre, que eu fui roubado sem perceber... Orgulhoso da minha própria habilidade, fiquei cego para o mundo e caí sem defesas na sua armadilha. Depois de aplicar o seu método, acompanhando a respiração, eu não consigo mais roubar! Ainda que seja fácil invadir uma casa e abrir um baú, eu enxergo os diamantes como um monte de PEDRAS! Eu sinto que estou arriscando minha vida por meras pedras! O que devo fazer?"

Nagarjuna disse:

"O que você quiser. Se você acha que essa meditação é preciosa, abrace-a. Se você acha que o encantamento com ouro e joias é algo de mais valor, abrace-o. É você quem deve decidir. Que poder eu tenho de interferir na sua vida?"

O ladrão respondeu:

"Agora que eu experimentei essa forma de consciência, ela é a coisa mais bonita que eu conheço. Não seria mais possível abandoná-la – seja em troca de pedras, ou do que for... Por favor, me aceite como discípulo."

Nagarjuna concluiu:

"Do que você está falando? Eu já te aceitei."

Completo e inclui tudo

Quando o corpo e a mente estão puros,
Todas as coisas estão puras.
Quando todas as coisas estão puras,
O corpo e a mente estão puros.

A moeda que se perdeu no rio,
Só pode ser recuperada no rio.

O rio

Por agora, no topo do pico mais alto.
Por agora, no fundo do oceano mais profundo.
Por agora, três cabeças e oito braços, como demônio belicoso.
Por agora, o corpo imenso de um buda.
Por agora, o cajado ou o hossu.
Por agora, a pilastra ou a lanterna.
Por agora, as crianças.
Por agora, a terra e o céu.

De carro caro, mas sem gasolina

Ele canta as palavras,
Mas não sabe a melodia.
Ele lê os sutras,
Mas não compreende a questão.

Nada à sua frente

O mestre Kassan disse à assembleia:
"Não há nada à sua frente. Só existe a mente à sua frente. Outras coisas não estão à sua frente, ou em lugar nenhum que a sua visão, ou audição possam alcançar."

Comentário:

No Sutra da Guirlanda de Flores, está escrito:
"Se alguém deseja conhecer os três mundos e todos os budas, deve-se compreender que absolutamente tudo no mundo do Dharma é criado na mente."

O mestre Kassan estava falando da mesma coisa, quando disse que só existe mente à sua frente – ele quer explicar à assembleia que aparências são ilusões e que todos os portões até a realidade têm origem na mente.

Quando conseguimos enxergar através das aparências e ilusões da mente, a verdade do que simplesmente existe é revelada.

No Sutra Diamante, Shakyamuni diz ao discípulo Subhuti:

"Quem buscar por mim em imagens, ou numa figura do Buda – afirmando conhecer o Buda e idolatrando o Buda – estará em erro, ignorante do verdadeiro Buda."

Você entende? O corpo do Dharma não é uma teoria, nem representação.

O corpo do Dharma não é apenas o corpo de Buda, mas o corpo imaculado, não-nascido, verdadeiro e sem forma de todos os seres. É uma realidade além das imagens, ruídos e pensamentos.

O mestre Baofu disse à assembleia:

"Eu cubro os seus olhos, para que você possa enxergar o que não pode ser visto. Eu cubro os seus ouvidos, para que você possa escutar o que não pode ser ouvido. Eu restrinjo a sua mente, para que você possa experimentar o que está além dos pensamentos."

Ainda que a compaixão sem limites do mestre Kassan o tenha levado a exaurir todos os seus recursos, tentando instruir a assembleia, no final das contas, esse é um assunto que na verdade nunca foi ensinado de uma pessoa para outra. É preciso ver por conta própria.

Versos:

Procurar nas imagens ou ideias
É tropeçar ao longo do caminho errado.
Apenas a sabedoria que não pode ser ensinada
Revela o que é duradouro e real.

Coroa de flores

Os perfumes de sândalo,
Oleandro e jasmim
Podem apenas acompanhar o vento.

Mas a fragrância da Virtude
Viaja mesmo contra o vento,
E chega até o fim do mundo.

Como grinaldas trançadas de flores,
Entrelace com a sua vida
Incontáveis boas ações.

Até uma criança, mas nem um velho

Choka Dorin virou monge aos 9 anos e recebeu o selo de aprovação de seu mestre aos 21. Mais tarde em sua vida, ele foi morar no meio de uma floresta e costumava sentar alto num galho para meditar. Diz-se que os pássaros gostavam de fazer seus ninhos perto dele e, por causa disso, os moradores das vilas mais próximas o chamavam de "mestre do ninho de gralha".

Nessa época, Po Chu-i – um celebrado poeta – ocupava o cargo de governador da província em que Choka Dorin vivia e foi até a floresta para conhecer o curioso mestre que, de fato, estava meditando sentado no galho de uma árvore.

Po Chu-i se aproximou, liderando uma comitiva de servos e amigos, dizendo:

"Você está numa posição muito perigosa aí em cima!"

Choka Dorin respondeu:

"A sua posição é mais perigosa ainda!"

O poeta riu e disse:

"Eu sou o governador de toda esta província. Minha posição parece bastante confortável."

O mestre riu e disse:

"Como é que você pode negligenciar o perigo em que se encontra, quando as suas paixões estão sendo inflamadas como fogo e preocupações com isso e aquilo vão se empilhando sem cessar?"

Po Chu-i disse:

"Qual é o princípio fundamental do Dharma de Buda?" [De onde foi que saiu essa dúvida?]

Dorin disse:

"Praticar atividades saudáveis. Abster-se de

atividades doentias."
Po Chu-i zombou:
"Até uma criança com três anos sabe disso!"
O mestre disse:
"É verdade que uma criança sabe disso, mas até um velho com oitenta anos não consegue praticar."
Po Chu-i curvou-se em agradecimento e foi embora. [Onde foi que acertou a resposta?]

Comentário:

Po Chu-i era descendente do general Bai e foi um poeta extraordinário. Ele era considerado um acadêmico que atravessara 24 encarnações como poeta e era louvado com os títulos mais elogiosos e extravagantes. Não havia esquina onde seu nome não fosse conhecido, ou em que seus versos não circulassem. No entanto, no Caminho de Buda ele foi um novato chegando atrasado.

Parece que ele sequer sonhava com o significado de "praticar atividades saudáveis e abster-se de atividades doentias". Por isso, ele abordou a declaração do mestre Dorin de uma perspectiva puramente intelectual.

O poeta nunca tinha ouvido falar e nem conseguira descobrir por conta própria que "envolver-se com as atividades saudáveis e evitar as doentias" são ensinamentos profundos do Caminho de Buda, que atravessam infinitos kalpas, podendo ser aplicados tanto agora, quanto então. Ele responde daquela forma, porque não trilhava o Caminho e não percebia o Caminho.

Por que você disse que "até" uma criança de

três anos sabe disso, Po Chu-i? Foi porque, até aquele dia, o vento de Buda nunca tinha soprado em você. Será que você compreende uma criança de três anos? Você compreende o princípio gerador da atividade de uma criança? Quem compreende isso, também compreende que a criança de três anos está em sintonia com todos os budas dos três mil mundos. Se alguém não consegue compreender os budas dos três mil mundos, como é que tal pessoa poderia compreender uma criança de três anos?

Não imagine que olhar pra alguém é compreender alguém, ou que não olhar corresponda a não compreender. Quem compreende uma partícula de poeira, compreende o mundo inteiro. Quem aprende uma coisa, aprende mil. Quem não consegue aprender mil coisas, não consegue aprender uma.

Quem aprende a origem do aprendizado enxerga as dez mil coisas como se fossem uma, através do aprofundamento. Por isso, quem estuda uma partícula de poeira estuda o mundo inteiro. Perceba como é ignorante e desatento imaginar que uma criança de três anos não possa expressar o conhecimento de Buda e que suas palavras sejam fáceis de conceber, ou de praticar.

Po Chu-i revela-se incapaz de compreender uma criança de três anos e, sem nem considerar a questão, acaba dizendo o que disse. Ele não foi capaz de escutar à voz do mestre, barulhenta como um trovão.

Guiado pela ânsia de demonstrar que Dorin havia errado o alvo, ele diz que até uma criança de três anos sabe disso – o que demonstra que ele não conseguia ouvir o rugir de um leão nas vozes das crianças, nem o fluxo do mundo nas palavras do mestre zen.

Foi por pena do poeta que Dorin complementou:

"É verdade que uma criança sabe disso, mas até um velho com oitenta anos não consegue praticar."

O significado disso é que as palavras da criança acertam o alvo. Investigue essa questão completamente. É você quem esmiúça a fala da criança; não é ela quem esmiúça. A prática da antiguidade que permite ao velho de oitenta anos alcançar o inalcançável está sendo entregue a você; ela não está sendo entregue à antiguidade.

Compreender, falar e viver dessa forma é o objetivo do Dharma de Buda e foi o próprio Shakyamuni, na antiguidade, quem disse:

Abster-se de atividades doentias.
Praticar atividades saudáveis.
Purificar a sua própria mente.
Esse é o ensinamento de todos os budas.

Se compreendemos que esse é o ensinamento de todos os budas, devemos investigá-lo cuidadosamente. Transmitir e receber esse ensinamento é uma atividade mútua. Para realmente compreendê-lo, deve-se perceber que – de acordo com o tempo e com o lugar – coisas diferentes são consideradas doentias.

O que o mundo considera doentio, num determinado tempo e lugar, às vezes coincide com o que o Dharma de Buda considera doentio e às vezes são coisas diferentes.

"Abster-se de atividades doentias" não

corresponde à interpretação que uma pessoa ordinária aplica à primeira vista. São palavras que partem da iluminação e, por isso, são a iluminação em palavras.

Quando você se abstém de atividades doentias, o benefício dessa prática é instantaneamente realizado. A sua realização cobre toda a terra e o universo inteiro; todas as eras e o ensinamento completo. Essa é a abrangência do que chamamos aqui de "abster-se".

Quando alguém se acomoda na Origem, ergue-se a partir dela e retorna a ela – de forma que atividades doentias não são criadas – então atividades doentias *não são criadas*; mesmo que a pessoa aparente envolver-se nas condições atribuídas à criação de "atividades doentias", como o mundo as entende em cada tempo e lugar, ou mesmo que ela se misture às pessoas que criam atividades doentias. Em outras palavras, quando "abster-se de atividades doentias" é praticado corretamente, atividades consideradas doentias não se manifestam de forma doentia.

Uma "atividade doentia" não tem forma estabelecida. Não é um pacote que você possa apanhar, ou largar. Se você compreende isso profundamente, vai perceber que atividades doentias não destroem ninguém e que ninguém poderia destruir as atividades doentias.

É necessário identificar a mente completa e praticar com ela. O ensinamento trata do que é completo e inclui tudo. A atividade saudável, para o Dharma, é completa e inclui tudo. A atividade doentia, para o Dharma, é completa e inclui tudo.

Quando você pratica completo, "abster-se de

atividades doentias" já é realizado instantaneamente. Se você inclui as montanhas, os rios, a terra e até o sol e a lua na sua prática, então as montanhas, os rios, a terra e até o sol e a lua te conduzem à prática.

Essa "atividade doentia" e esse "abster-se" não são coisas determinadas pelo tempo, ou pelo lugar. São um mesmo olho fundamental que enxerga todos os tempos e lugares. Dessa forma, os budas de todas as eras e de todos os lugares estão juntos e manifestos na iluminação de qualquer pessoa realizada.

Considere cuidadosamente essas coisas – seja quando estiver andando, sentado ou deitado; ao longo de todo o dia. Não é que um ser senciente seja destruído, perdido, ou surrupiado quando alguém se torna um buda – mas um ser senciente é abandonado.

Ao considerar atividades saudáveis e doentias, não é que você interfira no ambiente para produzir causas e efeitos – antes, causas e efeitos do ambiente permitem que você pratique.

Na prática, causa e efeito já estão instantaneamente esclarecidos. Ainda que experimentemos a causa como origem do efeito, na verdade uma não vem antes ou depois da outra – dizemos que a causa é completa e inclui tudo, como o efeito é completo e inclui tudo.

A natureza original das causas e efeitos é o vazio. Porque há um abandono, dizemos "abster-se", "não-nascido", "transitório", "não se perder" e "não-abandono". Quando você compreende isso, percebe que a "atividade doentia" é exatamente "o que foi abandonado".

Po Chu-i

Diz-se que, em determinado momento de sua vida, o famoso poeta Po Chu-i passou a ler todos os seus versos para uma senhora camponesa, trocando as palavras que ela não entendesse. Eis um exemplo do que ele escrevia então:

Depois do almoço, uma soneca.
Ao despertar, duas xícaras de chá.
Eu sento e observo a tarde.

A pessoa alegre
Reclama que o dia é muito curto.
A pessoa triste
Esquenta a cabeça com a lentidão do ano.

Quem descansa além da alegria e da tristeza,
Não está nem aí se é grande ou pequeno.

De um típico mestre baderneiro

Eu sempre digo às pessoas, que é como se elas pegassem os seus próprios pais, a casa e o negócio da família, junto com todas as suas relações, pra trocar tudo isso por uma estátua, que elas colocam dentro de uma jarra de cristal e carregam sempre consigo, protegendo-a como se fosse um olho.
Não deixem essa jarra onde eu possa vê-la! Eu com certeza vou tomá-la e atirá-la ao chão – para libertar as suas mãos e te apresentar ao mundo onde as pessoas estão prazerosamente vivas e sem tabus, num mundo completamente novo a cada dia.

O sonho do homem de jade
Foi despedaçado pelo cantar do galo.
Olhando pros lados,
Todas as cores são iguais.

O vento e o trovão trazem notícias;
Energizando insetos que hibernavam.
Pessegueiras, sem discursos,
Espontaneamente explicam o Caminho.

Quando chega a hora e a estação,
Trabalhamos com a enxada.
Quem é que tem medo de afundar-se
Até os joelhos no barro da primavera?

O dragão do poço escuro

O poço é tão profundo,
Que a água até parece tinta preta.
Dizem que um dragão sagrado
Vive dentro dele,
Ainda que olhos humanos
Nunca o tenham contemplado.

Ao lado do poço,
Construíram um altar
E inventaram um ritual.

Um dragão, seja lá como for,
É um dragão;
Mas o ser humano
O transforma
Num deus.

A boa sorte e o desastre,
A seca e as chuvas,
As pragas e as pestes
São atribuídas pelos camponeses
Às ações do dragão.

De oferenda eles trazem
Leitões assados e vinho.
O ritual depende do intermédio
De um sacerdote.

Lá vem o dragão! Uau!
O vento sopra e empurra.
Dinheiro é jogado pra cima! Êba!
Os guarda-chuvas de seda se agitam.

Já vai o dragão! Ah...
O vento também some.
O fogo do incenso apaga. Aff...
Todos vão embora.

A carne se acumula sobre as pedras.
O vinho derrama na grama.
E o quanto disso chega ao dragão,
Não se sabe;
Mas raposas e ratos no bosque
Estão sempre bêbados e satisfeitos.

Por que as raposas são tão privilegiadas?
O que os leitões fizeram de errado?

Entra ano e sai ano,
Por que os leitões são mortos
Só para entupir as raposas?

As raposas roubam as ofertas do dragão.
Nas profundezas do poço escuro,
Será que ele fica sabendo?

Prevendo o futuro

Um monge perguntou a Unmon:
"Agora que o outono chegou e o treinamento de verão acabou, se alguém me perguntar sobre os acontecimentos futuros, o que devo dizer?"
Unmon disse:
"A assembleia foi dispensada."
O monge insistiu:
"Mas e depois disso, o que será?"
Unmon concluiu:
"Você me deve noventa dias de refeições."

Comentário:

Esse encontro deve ter sido muito frustrante para o mestre Unmon. Depois de passar três meses treinando os monges, parece que esse aí está completamente perdido na ilusão de algum tempo futuro.
O futuro não existe; ele ainda não chegou.
O passado não existe; ele já passou.
O que está aqui agora? Esse é o ponto. É aqui que a vida acontece.
Eu teria expulso aquele monge, ainda antes que ele terminasse de falar! Mas Unmon é surpreendentemente gentil quando responde:
"A assembleia foi dispensada."
O vento sopra na Índia e as folhas se juntam ao leste. O monge não entende e continua obcecado com o que virá a seguir. "E depois disso, o que será?" Nada! Tudo acontece agora.
Você entendeu por que Unmon exigiu pagamento? Se o monge pretende usar o mosteiro como

uma hospedaria, então é preciso pagar as diárias.

Versos:

Para entender o futuro,
Investigue o presente.
Para entender o passado,
Investigue o presente.

Dojoyaburi

Hasoda, o "Quebrador de Forno", foi um monge da seita zen que, em certa ocasião, invadiu o templo dos nativos de uma montanha na China – onde eles costumavam queimar animais vivos como sacrifício.

O monge bateu com o seu cajado no forno do templo até que ele se quebrasse e disse:

"Esse forno é feito de barro. O que há de sagrado ou especial nele, que justifique o sofrimento de tantos seres vivos?"

O dedo de Gutei

Sempre que alguém questionava o mestre Gutei sobre zen, ele respondia levantando um dedo.

Um de seus jovens atendentes começou a imitá-lo nisso. Quando alguém questionava o garoto sobre o ensinamento do mestre, o rapaz levantava um dedo.

Gutei ficou sabendo da trapaça. Ele chamou o rapaz e disse:

"Qual é a essência do budismo?"

O rapaz levantou o dedo e, num movimento hábil com a faca, o mestre decepou o dedo.

O jovem saiu correndo, gritando e chorando, mas foi interrompido pelo chamado do mestre:

"Qual é a essência do ensinamento budista?"

No momento em que tentou levantar o dedo que não estava mais lá, o jovem iluminou-se.

Comentário e versos de Mumon:

A iluminação de Gutei e do jovem aprendiz não tem nada a ver com um dedo.

Se alguém aqui ficar apegado por causa do dedo, Tenryu [mestre de Gutei] ficará tão desapontado que vai aniquilar Gutei, o garoto e quem ficou apegado, todos ao mesmo tempo.

Gutei empobrece o ensinamento de Tenryu,
Emancipando o garoto com uma faca.
Comparado ao deus chinês,
Que arreda montanha com a mão,
O velho Gutei é um pobre imitador.

Comentário de Bansho:

Mil despertares num instante. Uma única compreensão e mil acompanham. A pessoa superior compreende tudo num instante. A pessoa mediana ou inferior pode escutar muito, mas acredita em pouco.
Sempre que alguém fazia perguntas complicadas sobre zen budismo para o velho Gutei, ele levantava um dedo.
Por que fazer tanto esforço?
Antes de tornar-se mestre em Jinhua, Gutei vivia numa cabana no Monte Tiantai. Numa noite chuvosa, uma monja de nome Realidade apareceu e circulou a cadeira de Gutei três vezes, num sinal de respeito. Ela disse:
"Se você puder me dizer uma palavra sobre o assunto, eu vou me curvar."
Ela fez a mesma proposta três vezes, mas Gutei permaneceu em silêncio.
Quando ela deu as costas para ir embora, Gutei disse:
"Já está tarde. Passe a noite aqui."
A monja disse:
"Se você puder dizer uma palavra, eu fico."
Mais uma vez, Gutei ficou em silêncio.
Depois que a Realidade foi embora, Gutei resmungava pra si mesmo:
"Parece que eu tenho um corpo humano, mas não o espírito de um humano!"
Ele estava pronto para abandonar sua cabana e voltar a peregrinar como um novato, quando o Espírito da Montanha disse:

"Você não precisa abandonar a montanha. Um grande bodisatva virá visitá-lo para explicar o Dharma."

Dez dias depois, Tenryu apareceu. Gutei se curvou aliviado e explicou detalhadamente ao mestre tudo que o atormentava.

Tenryu levantou o dedo e apontou para Gutei, que experimentou profunda iluminação imediata. Depois disso, quando alguém o procurava, Gutei levantava o dedo sem explicar nada.

Alguém perguntou ao seu aprendiz o que seu mestre ensinava e o garoto levantou o dedo. Gutei ficou sabendo do caso e cortou o dedo do garoto com uma faca. O garoto saiu correndo e Gutei chamou seu nome. Quando o garoto olhou para trás, o mestre levantou o dedo e o garoto iluminou-se [as duas versões são registradas por mestres diferentes].

No leito de morte, ele disse:

"Eu alcancei o Zen de Um Dedo de Tenryu e durante a vida inteira o tenho usado, mas não fui capaz de exauri-lo."

Ao terminar de dizer isso, ele morreu.

Eu digo: alguém devia arrancar esse dedo dele!

Chokei, por outro lado, disse:

"Comida saborosa não é para servir a quem já está satisfeito."

Gensha concorda comigo e diz:

"Se eu estivesse lá, teria arrancado aquele dedo."

Além do gesto vingar o garoto, aquele dedo também poderia injetar algum ânimo nas próximas gerações.

O sermão da flor

Na antiguidade, Shakyamuni levantou uma flor em silêncio e a exibiu para a assembleia no Pico do Abutre. Todos ficaram sem reação, exceto o discípulo Mahakasyapa, que sorriu.
Aprovando a compreensão do aluno, expressa nessa comunicação silenciosa, o Buda Gautama reconheceu Mahakasyapa como seu legítimo sucessor.
Mais tarde, quando Sidarta Gautama morreu, os seus discípulos se reuniram para começar o longo trabalho de registrar os ensinamentos, discursos e episódios de sua vida nos "sutras" – os textos canônicos do budismo. Tal esforço levaria cerca de 500 anos para se convencionar na versão atual do Cânone Páli – uma compilação imensa, de textos geralmente muito complicados.
Depois de acostumar-se a esses textos, grande parte da comunidade budista acreditava que os sutras eram a única fonte autêntica de Dharma. Por isso, o sermão da flor foi muito mencionado pela escola zen budista, para legitimar a sua afirmação de que o Dharma não se baseia em símbolos e que a transmissão acontece de forma especial, fora das escrituras.

Além disso, desde que o Buda levantou uma flor, incontáveis professores do zen têm recorrido à mesma ferramenta didática de levantar alguma coisa. O que isso quer dizer?
Kisu Chijo levantou uma pá e, numa outra ocasião, o próprio punho. O sacerdote do Monte Wutai levantou uma lança. Ungan levantou uma

vassoura. Sensu Tokujo levantou um remo. Tokusan levantou uma tocha. Gutei levantava o dedo. Wang Jingchu levantou os pauzinhos [de comer / hashi]. Shuzan Shonen, uma vareta. Doken levantou um travesseiro e, em outra ocasião, o seu hossu. Unmon levantou o leque. Xiaotang levantou a beirada da túnica que vestia. O ermitão do Pico da Flor de Lótus levantou o seu cajado. Nansen levantou um gato.

Será que todos esses mestres se acomodaram numa imitação do Buda levantando a flor, ou será que existe um ensinamento fresco em cada oportunidade?

Podemos perceber que cada mestre usou o que tinha a mão: os pauzinhos, o hossu, uma flor e, quando não estavam segurando nada, o próprio punho.

Considere o seguinte: existe uma mesma verdade sendo revelada nisso? Nesse caso, o que é?

"Levantar alguma coisa" tem um significado tão profundo e sutil, que nunca foi dito. Sem rumo, nem propósito, o vento fresco sabe espontaneamente como agir sobre a queimadura.

Espada língua-lábios zen

Joshu disse à assembleia:
"Hoje eu vou responder às suas dúvidas. Quem tiver uma pergunta, pode se aproximar."
Um monge deu um passo à frente e se curvou respeitosamente para fazer uma pergunta.
Joshu disse:
"Às vezes, eu atiro uma pedra e consigo pegar uma joia. Hoje, veio outra pedra."
Depois de dizer isso, Joshu foi embora.
Hogen questionou Ekaku sobre o significado dessa história e Ekaku deu o seguinte exemplo:
"Quando a corte imperial precisava de um comandante, eles perguntavam aos soldados quem dentre eles era qualificado para ocupar a vaga. Caso alguém se adiantasse, afirmando possuir qualificação para comandar, a resposta que ele recebia era 'você não é qualificado'."
Hogen disse:
"Agora eu entendo."

Comentário:

Joshu não precisa recorrer aos gritos de Rinzai, nem às pauladas de Tokusan para matar um monge. A lâmina da sua "espada língua-lábios zen" tem um gume que mata e outro que dá a vida.
Quando Joshu se oferece para tirar dúvidas, esse monge se aproxima com um saco cheio de zen. Joshu age de acordo com sua posição e toma o saco do monge. Ele sabe como tirar o que você não tem e te entregar o que já era seu.
Você conhece esse trecho do mestre Dogen?

"Quando os pensamentos não cobrem todo seu corpo e sua mente, você pode sentir que já tem o bastante. Quando os pensamentos cobrem todo o seu corpo e a sua mente, você percebe a falta de algo."

Então me diga – o que desencadeou aquela reação de Joshu?

Hogen buscou um discípulo do mestre, na tentativa de esclarecer o caso, mas Ekaku só consegue jogar mais um balde de lama em cima da coisa toda.

Se você quer conhecer por conta própria a verdade do caso, é preciso ir pessoalmente até a origem do problema, sem confiar na conversa fiada dos outros.

Então me diga. Qual é a verdade do caso?

Versos:

Não seja presumido!
O limite dos sábios não é sabido.
Quanta chuva é necessária,
Antes que o oceano esteja completo?

Discurso de um monge à assembleia, em 1250

Quando Yangshan buscava quem pudesse ocupar a posição de diretor da Casa de Recepção do templo, ele consultou os monges mais velhos em busca de recomendações.

Depois de alguma discussão, os monges concluíram que a única pessoa com a devida competência para a vaga seria a monja Miaoxin. Todos concordaram com a sugestão e ela foi convidada a administrar todo o complexo que, aos pés do Monte Yang, recebia os visitantes que buscavam o templo no alto da montanha. Nenhum dos alunos se ofendeu com a decisão, embora a questão envolvesse um cargo de muito prestígio.

Enquanto a monja Miaoxin cuidava da Casa de Recepção, um grupo de 17 monges chegou da Região Oeste, peregrinando em busca de um mestre que pudesse esclarecer as suas dúvidas e os guiar à outra margem. Antes de subir ao mosteiro, naturalmente eles foram recebidos e hospedados na Casa de Recepção.

Durante a noite, enquanto descansavam em volta do fogo, os visitantes discutiam o koan da bandeira ao vento [vol. 3]. Todas as suas interpretações estavam erradas. A monja Miaoxin, que ouvia tudo, comentou:

"Que desperdício! Quantos pares de sandálias foram necessárias, para que essas dezessete mulas cegas andassem até aqui? Vocês ainda nem sonharam com a Sabedoria Suprema!"

Esse tipo de comentário geralmente irrita as pessoas. Mas esses monges, observando Miaoxin, em vez de se irritarem com a desaprovação da monja, ficaram envergonhados pela sua própria falta de entendimento. Eles voltaram para os seus alojamentos, onde se vestiram formalmente e, curvando-se muito e dando todos os sinais de respeito, pediram à monja Miaoxin que os ensinasse. Ela disse:

"Não é o vento que se move. Não é a bandeira que se move. Não é a mente que se move."

Ouvindo essas palavras, todos os 17 monges alcançaram a iluminação. Eles agradeceram Miaoxin com muitas reverências e, através dos rituais formais, todos eles se tornaram discípulos dela. Em seguida, eles voltaram para casa sem subir até o templo – porque sentiam que já tinham encontrado aquilo que procuravam.

Percebemos que esse tipo de feito não é algo que um estudante, ou um pedante pudesse realizar. São ensinamentos transmitidos diretamente dos budas ancestrais, de herdeiro a herdeiro.

Assim, se uma posição de liderança ou chefia estiver disponível, você não deve hesitar de pedir que uma monja iluminada a ocupe. Senioridade é geralmente superestimada. Por mais velho que um monge seja, ou por mais tempo que ele viva no mosteiro, para que ele serve, se não alcançou o Caminho? O líder de uma assembleia deve ter a visão cristalina. Gênero e idade não têm importância.

Existem monges mergulhados tão profundamente no corpo e na alma de um camponês, às vezes tão obtusos, que se colocam em posição de serem ridicularizados até por gente leiga. O que eles têm a dizer não é digno nem de ser mencionado, muito menos de comandar autoridade num hall de Buda. É esse tipo de monge que se recusa curvar-se frente às mulheres iluminadas. Por carência de sabedoria e estudo, essas pessoas são mais parecidas com espíritos malignos do que com monges.

Se esse tipo de gente estivesse realmente disposta e profundamente decidida a atirar completamente os seus corpos e as suas mentes no ensinamento budista, o ensinamento budista as acolheria sem falha. Mesmo humanos e espíritos ignorantes têm o potencial para conhecer a verdade. Como é que a realidade autêntica de todos os budas poderia excluí-los, ou deixar de responder a um coração sincero? Até lama, pedra e areia têm os corações afetados pela sinceridade.

No império da China, mulheres podem ser encontradas em todos os grandes mosteiros. Quando a compreensão de uma delas é reconhecida, ela é indicada pelo governo ao cargo de abadessa num templo. Quando ela visita outros mosteiros, é recebida no lugar de honra. Todos os monges, incluindo o abade, se juntam de pé à sua volta, para ouvir os seus discursos. Alguns monges fazem perguntas. Esse tem sido o costume, desde a antiguidade.

Qualquer pessoa que alcançou o Dharma é um buda autêntico e verdadeiro – e como tal deve ser tratada. Quando vemos uma pessoa sempre renovada e extraordinária, uma pessoa sempre renovada e extraordinária também nos vê. Quando vemos essa pessoa, o mundo enxerga o mundo; o hoje enxerga o hoje.

O que há de especial num homem? O vazio é o mesmo vazio. Os quatro elementos são sempre os quatro elementos. Os Cinco Agregados [Skandhas] permanecem os Cinco Agregados. Que diferença faz se lidamos com um homem, ou uma mulher? Tanto homens quanto mulheres podem alcançar o Caminho. Você deveria valorizar quem alcança o Caminho. Não discrimine entre homens e mulheres. Esse é um princípio maravilhoso do ensinamento budista.

Além disso, temos aqueles estudantes chamados de "leigos", que não abandonaram suas famílias para praticar num mosteiro. Algumas dessas pessoas são casadas e cuidam de suas famílias, enquanto outras são celibatárias, ainda que permaneçam envolvidas com as preocupações do mundo. Na China, até os monges vestidos com túnicas de nuvens e mangas de neblina visitam os leigos que penetraram no ensinamento de Buda e se curvam frente a eles, fazendo questionamentos sobre o Caminho, assim como se eles fossem mestres num mosteiro. É claro que uma mulher esclarecida – seja monja, ou leiga – não deveria ser excluída.

Por outro lado, se investigamos essa senioridade que à nossa volta faz as vezes de bom senso, mesmo que um monge tenha cem anos de idade, se ele não compreende os fundamentos do Dharma de Buda, ele não merece se aproximar de homens esclarecidos e de mulheres iluminadas. Às pessoas desse tipo, cabe apenas o respeito que seria devido a um hóspede, ou a um anfitrião.

Até garotinhas com 7 anos de idade que transbordarem o Caminho e expressarem o Dharma devem ser tidas como professoras e mestres para qualquer praticante. Elas são princesas-dragão que alcançaram a budidade.

Até os animais são parentes queridos da nossa família de seres sencientes. Você não estaria em erro fazendo rituais de oferenda para os bichos, homenageando-os e respeitando-os como budas tathagatas. Esse é um costume autêntico do ensinamento budista. Quem não compreende essa inclusão e é incapaz de recebê-la só é digno de pena.

Sabe-se que a China e o Japão já tiveram mulheres no trono. O império inteiro é governado pelo soberano e todas as pessoas se tornam seus súditos. Isso não tem relação com o corpo humano, mas com a posição que a pessoa ocupa. Desde a antiguidade, as monjas são avaliadas pela sua conquista no Dharma e não pelas particularidades de seus corpos.

Se uma mulher se torna uma arhat [pessoa de elevada estatura espiritual], todas as maravilhas associadas aos quatro frutos se reúnem à sua volta. Entre humanos e devas [criaturas não-humanas; espíritos ou entidades mais elevadas do que os seres humanos ordinários, mas ainda inferiores a um arhat], todos lhe devem respeito.

Quem é que se negaria a demonstrar reverência frente a qualquer pessoa que despertou o grande coração do autêntico Dharma de Buda? Deixar de reverenciar uma pessoa assim é imediatamente ridículo. Quem fala sobre o Dharma, mas não reconhece a conquista da iluminação inigualável, está difamando o Dharma com a própria ignorância.

Para complicar a questão, no Japão, algumas filhas do imperador e dos ministros têm posições similares à da imperatriz. Algumas delas recebem títulos budistas. Algumas raspam a cabeça e outras não, mas monges gananciosos – em busca de fama e fortuna – adoram bajular essas mulheres nobres, com títulos budistas honorários, e frequentar suas residências. Isso é ainda mais baixo do que ser empregado de alguém. Há muitos monges desse tipo que simplesmente envelhecem e alguém lhes atribui a reputação de "sábios". É uma pena que eles tenham nascido nesse país minúsculo e distante [o autor claramente também tem seus próprios preconceitos] onde ainda não se aprendeu a identificar um hábito corrupto. Esse tipo de coisa não aconteceria na Índia, ou na China, mas apenas em nosso lamentável país...

Eles raspam as cabeças em vão, desviando-se do verdadeiro Dharma do Tathagata. É um pecado muito sério. Eles esquecem que as disputas mundanas são feitas de sonhos, fantasmas e flores vazias. Eles parasitam essas mulheres de forma servil e abjeta. Eles "respeitam" essas mulheres apenas por motivos oportunistas – o que na verdade configura uma forma de desrespeito. Por que não respeitar aquelas que de fato merecem respeito, por sua iluminação inigualável? Esses monges vergonhosos agem dessa forma porque não têm pretensão nenhuma de considerar o Dharma como algo importante e desconhecem o que seja a verdadeira determinação para penetrar no ensinamento de Buda.

Esses monges aceitam descaradamente presentes, apesar de já viverem na fartura, e defendem que é justificável receber doações, principalmente de mulheres. Mas ao buscar o Caminho, você deve estar livre desse tipo de ganância. Com a verdadeira determinação, até a grama, as árvores e paredes emanam o verdadeiro Dharma. Tudo no céu e na terra oferece Dharma verdadeiro. Sem essa determinação, ainda que você encontre um bom professor, você não vai experimentar os benefícios da Água do Dharma.

E ainda existem aqueles que, devido à sua ignorância descomunal, afirmam que "mulheres não passam de objetos do apetite sexual e assim devem ser tratadas". Esse não é o comportamento de uma criança de Buda. Se discriminamos as mulheres de tal forma, então estamos dizendo a mesma coisa sobre os homens. Se um homem só consegue enxergar na mulher um objeto sexual, isso nos revela que ele só considera o aspecto sexual das relações humanas e que, por sua própria conta, é ele que não passa de um objeto sexual.

Na corrupção sexual, o objeto pode ser uma mulher, um homem, uma pessoa que não é mulher nem homem, uma pessoa que é ao mesmo tempo mulher e homem, um animal, espíritos ou apenas a imaginação. Há quem esteja emaranhado a atitudes sexualmente corrompidas, mesmo enquanto olha para a água, ou para o céu. O objeto poderia ser um deus; poderia ser um demônio. Não seria possível enumerar todas as causas de conduta impura. Você pretende descartar todas? Por que descartar a mulher?

Os sutras dizem:

"O praticante que usa um dos dois buracos do corpo de um homem, ou um dos três buracos do corpo de uma mulher cometeu um grande crime. Essa pessoa deve ser expulsa da sangha [a comunidade budista]."

Por isso, se alguém quiser "expulsar os objetos do desejo", será preciso expulsar todos os homens, junto com as mulheres. Nesse caso, ninguém teria a chance de praticar. Reflita minuciosamente sobre isso.

Há muitos homens fora do Caminho que não têm esposas. Ainda que celibatários, sem o ensinamento de Buda, eles continuam em erro. Por outro lado, entre as crianças de Buda há leigos que são casados. Apesar de manterem relações carnais, eles são autênticos discípulos de Buda e não devem nada a humanos, ou devas.

Houve até um monge idiota que fez um voto de nunca olhar para uma mulher, ao longo das várias encarnações! No que esse tipo de voto foi baseado? No ensinamento de Buda? No Caminho Divino? Ou no caminho mundano? No ensinamento de demônios?

Que culpa têm as mulheres? Que grande mérito têm os homens? Existem homens desprezíveis e mulheres admiráveis. Se você quer abandonar o mundo de ilusões e sofrimentos fantasmas para viver de Dharma, então abandone essa discriminação doentia entre os homens e as mulheres.

Antes de se libertarem da ilusão, homens e mulheres são igualmente escravos da ilusão. Depois de se libertarem da ilusão, não existem mais diferenças entre homens e mulheres.

Se você faz um voto de nunca olhar para as mulheres, então você pretende excluí-las do seu voto budista de "salvar todos os incontáveis seres sencientes"?

Quem faz esse tipo de discriminação não é um bodhisattva. Como seria possível confundir esse horrível preconceito com a compaixão de Buda? Isso não passa de baixaria, cuspida por algum demônio bêbado e desvairado. Humanos e devas não deveriam levar essa gente a sério.

Até se você quiser excluir aqueles que já quebraram preceitos budistas no passado, é possível que você precise excluir todos os bodhisattavas. Se você quiser excluir aqueles que quebrarem algum preceito a partir de hoje, você pode estar excluindo todos os bodhisattvas do futuro. Se você for excluir alguém por esses motivos, seria preciso excluir a todos. Nesse caso, quem materializaria o Dharma de Buda? Esse tipo de voto não passa de loucura; má intenção de gente tola que não trilha o Caminho. É uma postura lamentável e só isso.

Se você faz um voto de nunca mais olhar para mulheres, então quer dizer que o Buda Shakyamuni e todos os bodhisattvas à sua volta estavam errados? A iluminação deles era menos profunda que a sua? Investigue isso em silêncio.

Com esse tipo de voto, além de se incapacitar para despertar uma mulher, você também será incapaz de ouvir o ensinamento das mulheres que penetraram no Dharma e expõem o Dharma para humanos e devas.

Uma velha senhora já recusou um lanche a Tokusan. Por outro lado, muitos homens estão apenas contando os grãos de areia no oceano do ensinamento [debruçados sobre os símbolos nas escrituras], sem nem sonhar com o Dharma de Buda.

Aprenda a clarificar as coisas do mundo, em vez de se assustar com elas. Assustar-se com mulheres e tentar evitá-las é o ensinamento e a prática dos discípulos de demônios. Quando você foge dos objetos no leste e se esconde no oeste, não é como se as coisas deixassem de existir no leste. Não é como se você pudesse deixar de estar rodeado por objetos, em todas as partes. Não é assim que buscamos a emancipação. Quanto mais você tenta afastar um objeto, mais profundamente você pode estar se apegando a ele.

É isso que acontece nesse costume ridículo que encontramos no Japão, de "áreas segregadas" para meditar, onde as mulheres não podem entrar. Esse costume pervertido tem sido ignorado por tempo demais e já ninguém toca no assunto. Mesmo quem estuda o conhecimento ancestral não tenta combatê-lo. Mesmo quem estuda os sutras não o questiona. Esse costume é apresentado à nossa volta como se fosse o estilo dos sábios da antiguidade e ninguém disputa esse absurdo. Se você tomar um tempo para rir disso, a sua barriga vai se cansar e doer.

O admirável mestre Shakyamuni alcançou a iluminação perfeita e inigualável – ele já esclareceu tudo que havia para ser esclarecido. Ele já praticou tudo que precisava ser praticado. Ele se libertou de tudo do que precisamos nos libertar. Hoje em dia, quem poderia se comparar a ele? E todos nós sabemos que, na assembleia de Shakyamuni, havia monges e monjas; leigos e leigas. Então não acredite na promessa dessas áreas segregadas, apregoando "mais pureza" do que na assembleia do próprio Buda enquanto viveu.

Tais áreas segregadas são morada de espíritos malignos. No ensinamento de Buda, esse tipo de segregação não tem lugar.

Os quatro frutos são a conquista maior. Quando uma monja reúne os quatro frutos, não existe lugar nenhum no mundo inteiro que a sua presença não abençoe. Quem tem o direito de bloquear seus passos?

Quem tem direito de impedir as mulheres que ainda não se libertaram da ilusão, de poderem praticar e alcançar esse estágio supremo?

Para que serve uma área segregada? Quem ainda poderia acreditar que em tais lugares há o autêntico Dharma de Buda?

Essas áreas segregadas são uma demonstração intolerável de ignorância e apenas criam confusão nas pessoas do mundo. É mais ignorante do que uma raposa que ataca um ser humano – sem nem considerar a terrível represália – apenas para proteger um buraco. O status de monges e monjas, de leigos e leigas que alcançam o Dharma de Buda não pode ser comparado ao status de reis e ministros, muito menos num país minúsculo e isolado como o nosso.

Quando eu encontro um mosteiro que não permite a entrada de monjas, percebo que fazendeiros e camponeses ainda entram livremente. Nenhum rei ou ministro é proibido de entrar. Entre essas pessoas, quem tem mais direito do que uma monja, de praticar num mosteiro?

Seja baseado na lei mundana, ou no ensinamento de Buda, são os camponeses, reis e ministros que deveriam ser proibidos de frequentar um ambiente onde há monjas meditando e nunca o contrário. Qualquer justificativa para uma área segregada é confusa e absurda – é um costume infeliz desse país insignificante.

É muito triste e lastimável que as crianças do Amável Pai sejam barradas de praticar em alguns lugares por aqui. Através dessa exclusão, será que eles pelo menos conquistaram uma vida livre das dez ações condenáveis? Será que entre as pessoas vivendo nesses lugares desapareceram as dez ofensas graves? É claro que não!

Então em que tipo de autoridade eles se fundamentam? De quem eles receberam essa instrução? Qual é o selo de aprovação que eles carregam?

Ikkyu resume o caso

Quanta diferença na pele,
Entre um homem e uma mulher.
Nos ossos, por outro lado,
Ambos são apenas humanos.

Satisfeito apegando-se a nada

Deixem-me rir quando sinto vontade.
Deixem-me chorar quando estou triste.
Na verdade, não sou do mundo nem contra ele.

As Três Joias

Buda, Dharma e Sangha são consideradas as "Três Joias" do budismo.

Buda, aqui, não representa apenas o fundador do budismo, por quem todo budista sente gratidão e presta homenagem, mas também a iluminação e ainda a própria realidade inefável que experimentamos através dela.

Dharma é o ensinamento budista, que inclui tanto os sutras, as palavras dos mestres e, principalmente, a compreensão do Caminho que nunca foi dito ou escrito, nem lido ou ouvido por ninguém.

Sangha é a comunidade dos praticantes – tanto uma comunidade específica, como a de um mosteiro, quanto a comunidade universal dos budistas.

O diálogo a seguir repete a mesma coisa:

Um monge perguntou a Genyo Zenshin:
"O que é Buda?"
"Um pedaço de barro."
"O que é Dharma?"
"O chão se move."
"O que é Sangha?"
"Comer mingau de arroz."

Leve com você

O mestre Genyo Zenshin, que por aqui acaba de ser interrogado a respeito das Três Joias, já visitou nossa série no volume 2, ainda que, por lá, ele fosse um monge sem nome. Vamos rever:

Um monge perguntou a Joshu:
"Eu não tenho nada em minha mente. Como devo prosseguir?"
Joshu lhe aconselhou:
"Jogue fora."
O aluno declarou:
"Mas se eu não tenho nada, como posso jogar fora?"
Joshu concluiu a conversa:
"Então carregue com você."

Genyo Zenshin alcançou a iluminação imediata através dessa conversa com Joshu, que teve várias repercussões na literatura zen – então não parece exagerado repeti-la aqui.

Bansho, por exemplo, comenta sobre o caso:

Diz-se que onde o mestre Zenshin vivia, havia uma cobra e um tigre que comiam da sua mão; por causa disso, ele é considerado hoje em dia como alguém que alcançou a santidade.

Joshu e Genyo são homens indecifráveis, seja para as pessoas comuns ou para os sábios ordinários. Se aqueles dois propusessem uma pergunta, ou proferissem uma única palavra, isso criava um guia para as pessoas por mil kalpas.

Os monges de hoje em dia estão ficando mais e mais ignorantes. Ainda bem que ainda temos essas histórias para bater no mato e espantar as cobras.

Hotetsu escreveu:
O nada se transforma em algo -
Pra ser conquistado, possuído, ou compreendido.
Jogue fora esse pegajoso nada que é algo.
Purifique-o, ou nada não passa de algo.
A identidade-mundo-rio
Continua fluindo;
Sorrindo enquanto vai.

Aqui, o mestre Engo Kokugon comenta (entre parêntesis) um poema de Oryo E'nan sobre aquela mesma conversa:
Carregando nada, os ombros não suportam.
(É difícil enganar quem enxerga bem.)
Ouvindo as palavras, ele subitamente reconhece o erro.
(Retroceda e você cai num poço profundo.)
Em seu coração, imensa alegria.
(Como um pobretão encontrando uma joia.)
O veneno e a doença sumiram; ele não sabe mais o que tem na cabeça.
(Quando o karma de um passado sem começo se extingue, há transparência perfeita.)
Ele fez amigos entre as cobras e os tigres.
(As espécies são diferentes, mas o entendimento é o mesmo.)
Imóvel e vazio por milhares de kalpas, o vento puro ainda não parou.
(Quem deixaria de apreciá-lo, ou de aproveitar?)

As Três Verdades

Falamos há pouco sobre as Três Joias do budismo (Buda, Dharma e Sangha) e, favorecendo algum contraste que ajude a evitar confusões futuras, vamos abordar também as Três Verdades – que são o vazio, a transitoriedade e a não-dualidade entre vazio e transitoriedade.

Essa trindade é um dos conceitos mais avançados no budismo e sua discussão geralmente vem acompanhada de palavras muito "cabeludas", mas não deixe que meras palavras intimidem você.

A escola Tendai, por exemplo, prefere chamar essa mesma questão de "Compreensão Tripla da Mente Una" – que a sua doutrina define como "experiência simultânea do vazio, das formas e da não-dualidade entre as formas e o vazio".

Filósofos mais recentes têm recorrido ao termo "trans-descendência" para tratar do mesmo assunto. Por curiosidade (e também para incluir quem está mais familiarizado com esse outro tipo de linguagem), antes de simplificar isso tudo, como é próprio do zen, nós vamos acompanhar um pedacinho dos cipós e trepadeiras que alguns acadêmicos contemporâneos, aparentemente a partir de Nishitani Keiji, têm criado a respeito do caso:

A trans-descendência é encontrada no terceiro estágio da lógica da não-dualidade, que segue assim:
1) Dualidade
No primeiro estágio, o mundo é aceito como substância. Objetos e palavras são reificados na

forma de entidades independentes. Esse é o estágio do pensamento dualista, da perseguição do desejo e do apego ao mundo imanente.

2) Não-dualidade
No segundo estágio, rejeita-se a natureza dualista da realidade e adere-se a uma metafísica não-dualista. Nesse estágio, rejeita-se a linguagem e persegue-se uma transcendência que se desapegue desse mundo ilusório. [...] No segundo estágio, permanecem as distinções entre sagrado e convencional, imanente e transcendente, linguístico e não-linguístico, dualidade e não-dualidade.

3) Não-dualidade entre dualidade e não-dualidade, com reafirmação da dualidade
No estágio final, percebe-se que o segundo estágio permanece preso ao dualismo, apenas revertendo-se a polaridade, num reflexo especular do pensamento convencional.

No terceiro estágio, o sagrado e o convencional não podem ser diferenciados. Isso não representa nem uma transcendência do mundo imanente, nem um apego a ele; é simultaneamente transcendência do mundo e descendência ao mundo. Retorna-se ao mundo e à linguagem, mas sem o apego à dualidade da linguagem que encontramos nos dois primeiros estágios.

No zen budismo, as Três Verdades são geralmente expostas de um jeito muito mais simples e direto. No entanto, esses textos mais acessíveis presumiam um público acostumado a estudar e conviver com as escrituras complicadas mais tradicionais, mesmo que fosse sem entender nada do que elas diziam. Se a gente nunca nem TENTOU desvendar esse cadeado, fica mais difícil perceber quando a porta abriu.

Então é buscando diminuir um pouco esse abismo, que vamos conversar casualmente por agora, tentando simplificar as coisas.

Vamos imaginar a iluminação como se fosse o segundo andar de uma casa. Pouca gente sabe usar escadas, nessa casa, e naturalmente todos se acomodam no primeiro andar.

Então o estudante da Sabedoria Suprema descobre o "segundo andar" – um mundo novo, no mesmo mundo em que ele já vivia; uma forma alternativa de experimentar as coisas, de forma que não são mais divididas em "coisas", mas experimentadas como uma espécie de permutabilidade constante de uma coisa só, como as imagens numa televisão, que parecem formar várias coisas diferentes, mas que na verdade são sempre a mesma televisão.

Ao descobrir o segundo andar e subir, ou "transcender" até esse novo espaço de possibilidades – por mais contraditório que seja, quando colocamos a questão em palavras – essa libertação do dualismo das coisas (ou seja, da experiência de que o mundo é feito de coisas separadas) vem acompanhada da sua própria forma de dualismo!

É o dualismo entre o primeiro e o segundo andar – o dualismo entre a experiência do mundo como entidade indivisível e a experiência do mundo como formas transitórias; o dualismo entre a experiência rotineira e a experiência do "satori".

Depois de subir até o segundo andar, é algo muito comum que isso venha acompanhado de um desprezo pelo térreo. Então há um novo aprendizado – um aprofundamento na iluminação – que consiste em sentir-se em casa pela casa inteira, independente do andar. A experiência de que tudo é uma mesma casa. Esse aprendizado é uma descida, ou "descendência", que só pode acontecer depois da subida, ou "transcendência" – por isso, a estranha palavra "trans-descendência".

De forma ainda mais simples, também fala sobre a mesma coisa aquela citação muito famosa sobre o zen:
"Quando comecei a praticar, rios e montanhas eram apenas rios e montanhas. No meio da prática, rios e montanhas deixaram de ser apenas rios e montanhas. Depois de dominar o aprendizado, rios e montanhas são apenas rios e montanhas de novo."

A jornada

Neblina e chuva no Monte Lu;
Corredeiras no Rio Che.
"Se eu não fizer a jornada,
Mil arrependimentos vão me atormentar!"
Fui e voltei; não há nada de especial.
Neblina e chuva no Monte Lu;
Corredeiras no Rio Che.

Você vai e volta de novo

Por quantos anos desbravei o mato,
Até penetrar na mais profunda essência?

Então, de repente, compreendi meu mestre
E voltei à minha terra natal.

Você vai e volta de novo.
Nuvens cobrindo o pico da montanha.
Córregos descendo aos seus pés.

Jogue fora

Vamos supor que alguém diga: "Todos precisam experimentar a iluminação um dia!"

Mas e quanto àquele dito nos sutras: "Mesmo que você alcance maravilhosa iluminação, você também deve abandonar isso"?

Abandonando, instantaneamente você volta para casa. Pela primeira vez, você esquece da rede e da armadilha.

Conquistas e inteligência são coisas secundárias. Quando a conquista é impossível e a inteligência não consegue entender, pela primeira vez você alcança um certo tipo de unidade. Em seguida, caso a conquista não seja abandonada, ela se transforma num sexto dedo – num apêndice de carne inútil.

Onde as palavras não alcançam, a inteligência não pode saber. Compreender o incompreensível é de fato uma conquista. No entanto, quando você fica apegado a isso, também não adianta.

A Árvore do Espírito é sublime, mas os pardais descem para ciscar no chão. A garça parece meditar, enquanto espera a presa durante a caça – no entanto, isso não interrompe a sua ação. Essas coisas ilustram o princípio de que não se pode ficar estacionado e apegado, ou apenas sentado.

O retorno de Buda, depois da travessia

Esse é o Caminho que ele seguiu
Para escapar do mundo.
Esse é o Caminho que ele seguiu
Para retornar ao mundo.

Indo e vindo;
Sempre no Caminho Sagrado.
Ao longo da vida e da morte,
Brilhantes flores falsas de um lado e do outro.

Samadhi [capítulo rodapé]

As Três Verdades são o vazio, as formas e a não-dualidade entre as formas e o vazio – ou seja, duas coisas formam três. De forma similar, há dois tipos de samadhi que finalmente se mesclam numa coisa só – numa "não-dualidade" entre duas experiências.

A palavra "samadhi" se refere a uma espécie de transe. Algumas definições populares de samadhi envolvem: "um estado profundo de concentração"; "estado de consciência meditativo" e "um estado que transcende a mente e o intelecto". Literalmente, a palavra significa algo como: "completamente voltado em direção a algo".

Na prática, todos conhecemos uma ou outra forma de samadhi. Acontece quando estamos completamente absortos em alguma coisa. Atletas e artistas contemporâneos têm discutido um "estado mental de flow" que também é uma forma de samadhi. O conceito não está limitado à prática do zen.

Dentro do zen budismo, no entanto, quando se fala de samadhi, geralmente estão se referindo a uma forma específica de samadhi – um estado mental "completamente voltado em direção" ao vazio, durante a meditação. É a experiência do mundo indivisível, ou da Origem, ou "o que é imóvel e silencioso", ou "o que não tem forma", ou simplesmente "à noite", ou "abandonando corpo e mente", ou "corpo e mente despencam", ou "seu rosto se derrete como uma vela", ou "trono sem forma da iluminação" etc.

Percebam que o trono da iluminação não é a

própria iluminação – é onde ela vem sentar.

Sentar-se com as pernas cruzadas e voltar a atenção para a respiração, por exemplo, leva a esse tipo de samadhi.

No entanto – tão difíceis de agradar – os mestres zen budistas não ficam satisfeitos ainda. Depois de alcançarem isso, eles dizem:

"Jogue fora! Você vai passar o dia inteiro sentado?"

Então existe um outro samadhi muito importante, relacionado àquela "trans-descendência"; um "retorno ao mundo" e à experiência das formas e da transitoriedade. Esse tipo particular de samadhi tem mais relação com o "flow" dos artistas e atletas.

A experiência desse samadhi é fluída. É "não deixar rastros", é "nada permanece e tudo surge do nada a cada instante", é "escutar o barulho do córrego descendo rápido a montanha e entender quão rápido a vida é atirada em seu curso", é "acompanhar o fluxo do instante", é "agir como um bebê", é "não ter amarras", é "montanhas fluindo".

Todo adepto precisa aprofundar-se até certo ponto nesses dois samadhis, que são complementares e que em certo sentido podem mesclar-se numa coisa só – mas cada um deles é como um fundamento que se adapta melhor a determinadas personalidades.

Assim, há duas tendências que são refletidas numa variedade de temperamentos, escolas e métodos. Alguns mestres, por exemplo, são rígidos e exigentes em relação ao zazen e ao satori; enquanto outros mestres são mais descontraídos e debochados, chegando às vezes a afirmar que a iluminação não serve para nada e que o mais importante e valioso é simplesmente viver no "flow".

Geralmente, extremistas são idiotas – embora a palavra "geralmente" esteja ali para mostrar que eu não recomendo extremismo nisso.

A pessoa imprudente acha que a pessoa corajosa é covarde, enquanto o covarde acha que a pessoa corajosa é imprudente; então, dependendo do contexto, um "extremista" pode ser apenas uma pessoa razoável.

No final das contas, é como tudo mais. Tem buda de cabeça grande. Tem buda com a bunda grande.

Dois andares, ou cabeça e bunda?

Um monge perguntou ao mestre Kyuho Doken:
"O que é a cabeça?"
O mestre Doken disse:
"Abrir os olhos e não se dar conta que amanheceu."
O monge disse:
"E o que é a bunda?"
"É a parte que não fica sentada na almofada milenar."
"E se alguém tem cabeça, mas não tem bunda?"
"Eventualmente, vira frustração."
"E se alguém tem bunda, mas não tem cabeça?"
"É como estar de barriga cheia, mas não ter poder."
"E quando a cabeça e a bunda estão em harmonia?"
"Os descendentes se empoderam, mas ninguém na sala fica sabendo."

Comentário:

Se o olho da sua mente não está purificado e a sua compreensão das coisas não é completa, ainda que você possa discutir sobre a bunda e a cabeça – sobre os muitos no Um e sobre o Um nos muitos – a questão não estará clara e você sempre vai se confundir.

Quando a bela Xishi sentiu uma dor no peito, seu rosto se contorceu – isso fez com que ela se mostrasse ainda mais linda. As mulheres desprezadas perceberam isso e tentaram contorcer o próprio rosto, mas isso apenas as deixou mais feias. Isso é uma crítica a quem estuda apenas com os olhos e com os ouvidos – gente que não se esforça de verdade para alcançar a iluminação.

Esse koan registra a história pela metade. A conversa começou quando o monge desafiou Doken com essa outra pergunta:

"Todo mundo fica falando em salvar os outros, mas o que você usaria para salvar alguém?"

Doken disse:

"Você mesmo me diga: será que já aconteceu de uma montanha estar precisando de um pouquinho de terra?"

O monge não se deu por vencido:

"Se esse é o caso, então o que todos estão procurando?"

Doken disse:

"Os sutras nos contam a história de Yajnadatta – um homem que viu o próprio reflexo no espelho e disse: 'Por que o meu reflexo tem uma cabeça que eu posso ver, mas eu não posso enxergar a minha própria cabeça?'. Buscando pela própria cabeça, ele enlouqueceu."

O monge insistiu:

"E como é que alguém poderia evitar esse tipo de loucura?"

Doken respondeu:

"O sol nasce, iluminando a estrada, mas os olhos não abrem."

Perceba que essa declaração diz o mesmo daquela outra: "abrir os olhos e não se dar conta que amanheceu."

Foi aí que o monge perguntou o que era a cabeça.

A pessoa sem cabeça produz ilusões. A pessoa sem bunda produz apego e aversão. Deve-se encontrar a maravilha tanto vertical, quanto horizontalmente; tanto à esquerda, quanto à direita. Podemos esclarecer esse caso com um outro caso, muito próximo:

Doken estudou com o mestre Sekiso Keisho, que em certa ocasião disse à assembleia:

"Iniciantes que ainda não alcançaram a grande questão devem começar pela cabeça. A bunda virá naturalmente depois."

Um monge perguntou:

"Mas o que é a cabeça?"

"Conhecer a existência."

"E o que é a bunda?"

"Ocupar o tempo presente."

"E quando alguém tem cabeça, mas não tem bunda?"

"É um doente vomitando ouro."

"E quando alguém tem bunda, mas não tem cabeça?"

"É uma dependência ameaçadora."

"E quando a cabeça e a bunda estiverem em harmonia?"

Sekiso concluiu:

"Mesmo que essa pessoa nem pense mais em harmonizar nada, ainda é muito cedo para que ela receba a minha aprovação."

Pitaco vulgar de Kerozene:

São dois andares e Três Verdades.
São dois samadhis e três samadhis.

O pai de uma ex-namorada odiava novelas. Quando ele passava na sala e passava novela, ele apontava o dedo pra televisão e dizia inflamado:

"É tudo mentira isso daí! É tudo mentira!"

Eu imagino que essa frustração tenha origem num tempo em que ele acreditava que era tudo verdade.

Uma mesma tela produz todo tipo de imagens diferentes. É tudo mentira.

Investigue a televisão desligada – a própria tela brilhante que forma as imagens. Essa é a cabeça.

A bunda é aproveitar o filme.

Não é de verdade. Até o que você pensa são imagens. É o ninho que está dentro do buraco. Não é o buraco que está dentro do ninho. Se você confundir e ficar apegado às imagens, mais tarde vai se frustrar e dizer nervoso:

"É tudo mentira isso daí!"

Mas aproveite o filme. A placa de vídeo da mente é imbatível. Se uma teia de aranha se molha de orvalho, cada gotinha reflete tudo, do seu próprio ponto no espaço. Desde o início dos tempos, nem uma única gotinha foi negligenciada.

No final das contas, a tela e as imagens são uma coisa só. É importante perceber que uma mesma tela produz imagens passageiras. É assim que aprendemos a ver imagens de forma esclarecida. Mas se você fica focado só nisso, não tem graça ir ao cinema.

Desabrochando a sabedoria de Buda

Todas as Terras Puras das dez direções são apenas desabrochares de Dharma. Aqui, todos os budas desabrocham o Dharma e são desabrochados pelo Dharma.

Através da prática de não retroceder, nem se desviar, desabrochamos a profunda e indescritível sabedoria dos budas – um samadhi tranquilo e sutil; difícil de alcançar, ou de compreender.

A Realização é a própria realidade, agora mesmo. Até o espanto, as dúvidas, receios e hesitações são a própria realidade, agora mesmo.

No entanto, o ensinamento de Buda é diferente. "Descrever uma partícula de poeira" e "sentar-se dentro de uma partícula de poeira, sem nenhum esforço de criar ou medir" são atividades diferentes.

Mesmo sentado no mundo dos fenômenos, que é a própria realidade, a experiência não é ampla. Mesmo sentado numa partícula de poeira, não é estreito. Se você não estiver completamente presente, você não estará completamente sentado.

Se você estiver completamente presente, você se liberta das circunstâncias e não faz mais diferença se o lugar onde você está é amplo, ou estreito. Dessa forma, você poderá experimentar exaustivamente o fundamento dos desabrochares de Dharma.

Quando a sua meste está iludida, você é objeto dos desabrochares de Dharma. Quando a sua mente está iluminada, você é o autor dos desabrochares de Dharma.

Clarificar o ensinamento de todos os budas é o

Tesouro do Verdadeiro Olho do Conhecimento; é o próprio Buda ancestral. Quando você ouve falar sobre "desdobrar o ensinamento e alcançar iluminação", "desvendar a sabedoria de Buda", "ultrapassar o ensinamento verbal e conhecer a realidade", ou "manifestar a sabedoria de Buda", esse é exatamente o desabrochar das flores de Dharma.

Iluminar-se e ver-se autor dos desabrochares de Dharma quer dizer que, enquanto as flores de Dharma desabrocham – em seu desabrochar original, que é contínuo – você se empodera nesse desabrochar e desabrocha a si mesmo.

Procurando pelo boi

Um jovem pastor se encontra desorientado entre pântanos traiçoeiros e florestas sombrias, onde procura por um boi que se perdeu.
Ele vasculha interminavelmente, abrindo caminho através das moitas e perambulando ao longo de rios sem nome. Ele está exausto e muito longe de casa. No silêncio da noite, tudo que ele escuta são as cigarras cantando. O seu coração está aflito:
"Onde eu ainda posso procurar?"

Esse é o começo de uma história muito antiga – atribuída por uns ao daoismo chinês e por outros ao budismo indiano – que por volta do século XII foi resgatada e ilustrada por artistas chineses; popularizando-se rapidamente entre a comunidade zen budista, que a aprecia até hoje como ilustração da busca pela nossa natureza verdadeira.
As séries "10 figuras do pastoreio de boi", ou "10 etapas em busca do boi", de autores diversos, tradicionalmente representam o monge Hotei na figura correspondente à décima etapa, mas há muita variação. Há inclusive algumas versões que dividem a história em 6 etapas, ou substituem o boi por um elefante, ou macaco.
Nesta edição, apresentamos uma cópia japonesa, datada de 1278, do que é amplamente considerado o pergaminho mais antigo com esse tema, do mestre chinês Guoan Shiyuan – que ilustrou a história com pinturas, versos e comentários em prosa, por volta de 1150.

1
Procurando pelo boi

Incansavelmente,
Empurro a grama alta no pasto do mundo;
Procurando pelo boi.

Margeando rios sem nome; eu mesmo perdido
Entre caminhos que se misturam,
Espalhados nas montanhas.

Com a força acabada e os passos doídos,
Eu só escuto às cigarras do fim de outono,
Cantando na floresta.

O boi, na verdade, nunca foi perdido. Por que sair procurando? É porque o pastorzinho deu as costas à sua natureza verdadeira que ele se afastou do boi. Com os olhos cheios de poeira, ele não pode mais enxergá-lo. Tão longe de sua terra natal, foi ele mesmo quem se perdeu em caminhos entrecruzados. Pensamentos de vantagem e prejuízo se levantam como labaredas de fogo. Julgamentos de certo e errado avançam como pontas de espadas.

2
Encontrando as pegadas do boi

Ao longo do rio, debaixo das árvores,
Eu vejo as pegadas.

Agora, mesmo debaixo da grama fresca,
Eu posso enxergá-las.

Até os confins da montanha, por toda parte
Eu as vejo.

Nada mais poderia escondê-las;
Como o nariz de quem olha pra cima.

Ele entendeu o significado dos sutras e identificou as pegadas através do ensinamento. Ele compreende que toda cumbuca é feita de ouro e que as dez mil coisas são si mesmo. Diferenciando entre o certo e o errado, como distinguir entre o verdadeiro e o falso? Ele ainda não atravessou esse portão e só podemos dizer que ele viu as pegadas.

3
Enxergando o boi

Um pássaro canta.
O sol esquenta.
O vento é fresco.
Os salgueiros, à margem do rio,
Muito verdes.
Aqui, nenhum boi tem onde se esconder!

Mas que artista poderia desenhar
Aquele corpo enorme;
Aqueles chifres imponentes?

Alcançando-o pela audição, você descobre a fonte de tudo que você enxerga. Os seis órgãos sensitivos devem ser considerados de forma similar – em toda ação, transparece o eixo fundamental. É como o sal na água do mar, ou a temperatura na sopa. Erga a sobrancelha, e isso não é nada além da própria realidade.

4
Agarrando o boi

Com todas as forças,
Em bronca tremenda,
Eu o agarro;
Mas sua força e determinação
São inesgotáveis.

Ele solta e dispara em direção ao pico,
Pra além da linha de neblina das nuvens.

Derrotado,
Eu largo a corda e o chicote.

Ele viveu na obscuridade das encruzilhadas por muito tempo e agora vocês se encontram. Se ele estiver muito acomodado à situação anterior, pode ser difícil montá-lo. Sem o abandono do apego pela grama cheirosa, há obstinação e selvageria. Para alcançar pureza e obediência, você pode precisar do chicote.

5
Domesticando o boi

Eu preciso usar corda e chicote
Pra que ele não desapareça;
Foragido nas trilhas
De neblina e poeira.

Um boi que é bem cuidado
Fica naturalmente gentil.

Mesmo sem amarrá-lo,
Ele gosta de te seguir.

Depois que surge um único pensamento, ele será seguido por outros. Através da iluminação, eles se tornam verdadeiros. No seio da ilusão, eles eventualmente desembocam em fraude. Não é por causa do seu ambiente que eles são formados. A sua própria mente os produz. Você precisa segurar firmemente a correia, para que as dúvidas não possam entrar.

6
Montado no boi

*Em cima do boi,
Eu volto para casa;
Preguiçosamente.*

*Melodias da flauta que eu toco
Ecoam nas nuvens ao pôr do sol.*

*Cada marcação do tempo com as mãos,
Cada frase que a flauta canta é infinita.
Palavras não são necessárias,
Para quem entende a música.*

A batalha já acabou. Vantagem e prejuízo são igualmente vazios. Ele se empolga com a música rústica de um lenhador, ou com os cânticos das crianças. Montado nas costas do boi, ele observa as nuvens. Mesmo que você o chame, ele não vai voltar. Mesmo que você o agarre, ele não vai ficar.

7
Descendo do boi

Nas costas do boi,
Chegamos em casa.

Eu todo me sinto em paz
E o boi também pode descansar.
O sol nasceu.
O sossego é completo.

A corda e o chicote,
Eu abandonei
Dentro da cabana.

No Dharma não existe dualismo. O boi é o fundamento. Pode ser comparado ao coelho e à armadilha. Pode ser representado na diferença entre o peixe e a represa. É como o ouro saindo do minério; como a lua surgindo por trás das nuvens. O Caminho Indivisível da luz fria tem brilhado por infinitos kalpas.

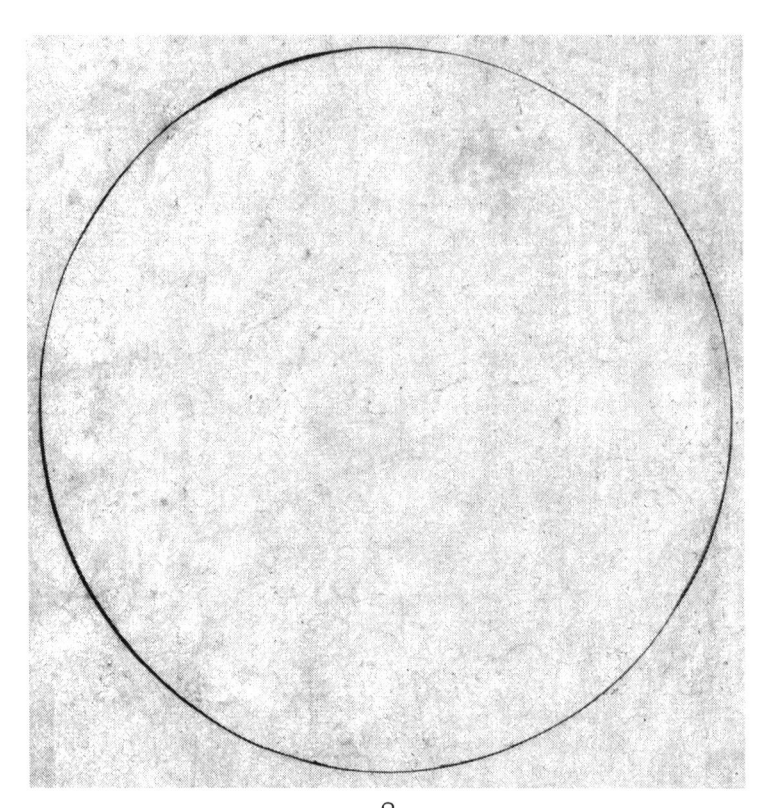

8
Esquecendo de si e do boi

A corda e o chicote;
A identidade e o boi:
Tudo se mescla no vazio.

É um céu azul tão imenso,
Que a tela da linguagem não pode conter;
Como um floco de neve que se desfaz
Dentro da fornalha flamejante.

Depois de experimentar isso,
Enxergamos as pegadas
Dos antigos patriarcas.

Sentimentos mundanos despencaram e ideias sobre o sagrado estão vazias. Não devemos nos demorar onde existe o Buda. Devemos passar bem rápido por lugares sem o Buda. Se você não se agarrar em nada, até mil olhos teriam dificuldade para te perceber. Mil pássaros carregando flores trariam constrangimento.

9
Alcançando a Origem

Foi longa a jornada e grande o esforço
Pra voltar à Origem e encontrar Raiz.
Talvez fosse melhor, desde o começo,
Ter sido cego e surdo!

Tranquilo na Cabana Ancestral,
Não me aflige o que acontece lá fora.

O rio corre manso.
As flores são vermelhas
E é só.

É originalmente pura e transparente, sem vestígio de poeira. É possível contemplar o surgimento e o desaparecimento dos fenômenos, enquanto permanecemos no silêncio da inação. A ilusão foi ultrapassada. Por que esforçar-se, ou planejar? A água é azul e as montanhas são verdes. Sentados, observamos as formas erguendo-se e desfazendo-se.

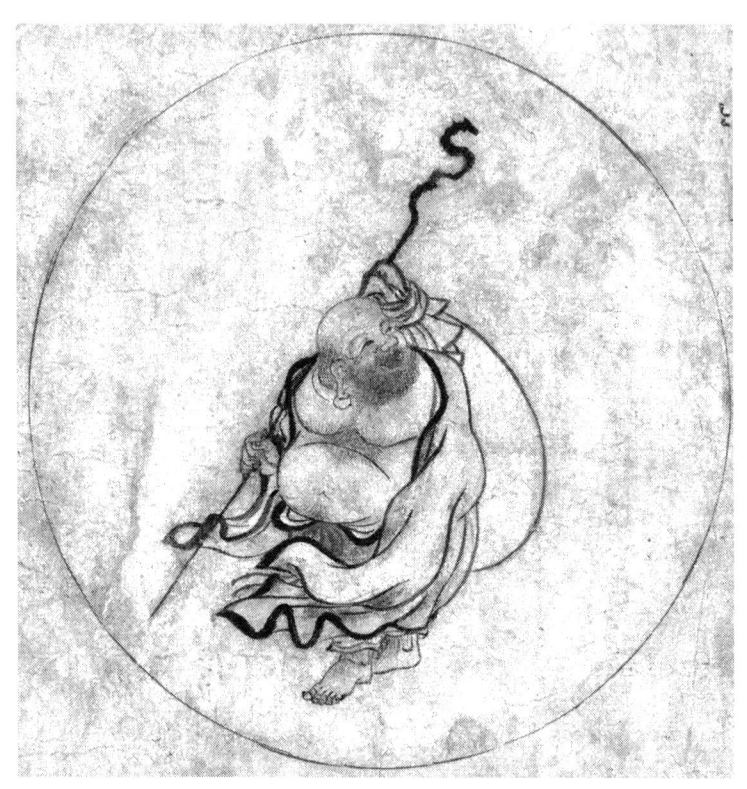

10
No mundo

Descalço e com o peito descoberto,
Eu me misturo às pessoas do mundo.

Minhas roupas são trapos empoeirados,
Sempre enfeitadas por um sorriso largo.

Não saberia o que fazer com poderes mágicos,
Ou elixires da vida eterna.

Agora, à minha frente,
Árvores mortas voltam a florescer.

Ele fecha a porta de ramos em sua cabana de palha, para que os santos e sábios não tomem conhecimento dele. Ele enterra a luz de seu próprio conhecimento e vai no sentido contrário das trilhas deixadas pelos sábios passados. Carregando um saco, ele chega ao mercado. Empunhando um cajado, ele volta pra casa. Ele presenteia budidade aos balconistas dos bares e vendedores de peixe.

"BOIS E PASTORES"
KAWANABE KYOSAI - JAPÃO (1887)

Minucioso demais

Mergulhado em pensamentos,
Aflito, procurando a realidade,
Você não percebe que a realidade
É a fonte dos pensamentos.

Argumentando contra um eco,
Tentando convencê-lo a fazer silêncio,
Você não percebe que a sua voz
É a origem do eco.

Você está:
Montado no boi,
Procurando pelo boi,
Ou usando a farpa
Para tentar tirar
A farpa.

Ikkyu: de novo e para sempre

Paz não é sorte.
Seis anos encarando a parede em silêncio,
Até que o seu rosto se derrete
Como se fosse uma vela.

Cante até não ter mais garganta
E as palavras surgem por si mesmas.
Fique na ponta dos pés sobre o olho de uma agulha;
Como um grão de areia piscando à luz do sol.

Mais uma escamada de Joshu à assembleia

Na minha juventude, há uns 90 anos, tive oportunidade de conhecer todos os 80 discípulos de Baso e cada um deles era um dragão. Os mestres atuais apenas acumulam cipós em cima de galhos secos; perseguindo trepadeiras ao longo de labirintos e desviando-se da raiz.
Nansen – meu querido mestre e um dos grandes mestres do passado – costumava dizer:
"Você precisa avançar em linha reta, diretamente na direção da ilusão!"
Algum de vocês aqui reunidos poderia compreender o significado dessas palavras?
A geração de "mestres" novatos à disposição hoje em dia, pregando floreios pelas beiradas, se entope com todo o arroz que suas mãos avarentas alcançam e, ao mesmo tempo, ainda exigem a idolatria dos outros!
Logo que reúnem uns 300 ou 500 tolos à sua volta, inflam o peito de orgulho para dizer:
"Eu sou o mestre e vocês são meus pupilos!"
É ridículo.

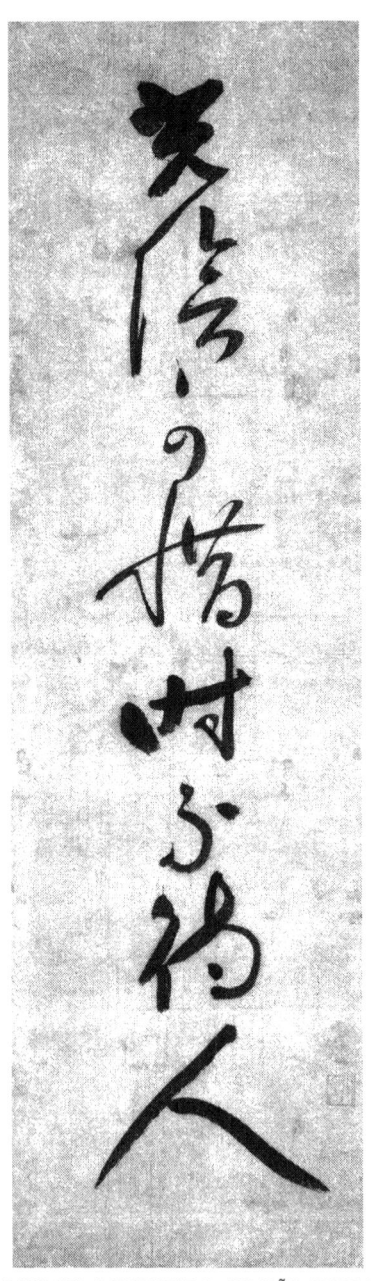

"O TEMPO DEVE SER DESFRUTADO, ELE NÃO ESPERA NINGUÉM"
JAKUSHITSU GENKO - JAPÃO (SEC. XIV)

Tudo mentira!

Por que os mestres zen não explicam as coisas abertamente e ficam provocando os alunos? Cortando dedo de criança com uma faca, partindo um gato no meio com a espada, dando tapa na cara dos outros, falando obscenidades...

Essa grosseria e essa má vontade devem ser investigadas a fundo e por conta própria. "Quando compreendida em profundidade, até uma resposta que é doce como o mel pode se revelar uma forma de veneno." As pessoas mais gentis e agradáveis são os vendedores, conversando com clientes que provam uma peça cara que não lhes cai bem.

Quando você ensina alguém a confiar em você, usando um comportamento doce e afetuoso, que "apenas por acaso" parece o comportamento do vendedor vigarista, você pode imaginar que ensinava "esta ou aquela palavra", mas é possível que você tenha realmente ensinado um "confiar no comportamento doce de vendedores vigaristas".

Todos os patifes do mundo têm suas próprias palavras a ensinar. Com palavras doces e lisonjeiras, eles guiam as pessoas pelo nariz. Quando você coloca um anel de amabilidade forçada no nariz de alguém, para guiar a pessoa da forma que você acha "certa", o anel vai continuar lá e é possível que um vigarista amarre uma corda nele, para conduzir aquela pessoa num caminho que você acha "errado".

Enquanto imagina que ensina algo pros outros, você pode estar colocando um anel no seu próprio nariz; que outras pessoas e circunstâncias vão puxar, para te conduzir como se fosse um boi.

É melhor ensinar e aprender liberdade, do que dependência.

Nem o zen budismo foge do kitsch, apesar dos tantos esforços de seus representantes mais notáveis. Há uma lenda de um Huineng "santificado", por exemplo, que parece tirada de um filme da Disney.

A história que eu vou contar a seguir participa dessa tradição. É uma história muito referenciada, que vale a pena conhecer. No entanto, talvez seja importante dizer que ela é fruto de uma disputa política entre gente mesquinha.

Hoje em dia, praticamente todo mundo carrega uma câmera e pode publicar o que quiser pro mundo. Apesar disso, ainda é frequente que ninguém saiba o que aconteceu de verdade. Essa narrativa, de um tempo em que os fatos eram muito mais incertos, foi inventada depois que Huineng, o Sexto Patriarca, já tinha morrido. Uma mistura de verdade com mentira, que convenceu todo mundo e só foi exposta séculos mais tarde.

O contexto é que duas escolas disputavam o título de "oficial". Esse título era considerado privilégio da escola que tivesse a túnica e a tigela de Bodhidharma – que tradicionalmente era passada de patriarca a patriarca.

Duas escolas disputavam, porque nenhuma delas possuía a tigela ou a túnica de Bodhidharma, que, é importante considerar, talvez sempre tenham sido uma fraude.

Para alguns pesquisadores, é possível que Bodhidharma tenha sido inventado. Há quem acredite que Huike (o Segundo Patriarca) na verdade nunca teve um mestre. Como era exigida uma "comprovação" da genealogia de "transmissão da lâmpada" que ligasse os sacerdotes budistas ao Buda Gautama, é possível que Bodhidharma tenha sido inventado em algum momento, para suprir essa lacuna. Uma túnica e uma tigela são lacunas muito fáceis de suprir. Não se sabe. Também é possível que ele tenha existido de verdade.

Sócrates pode ter sido inventado. A história dele é conveniente DEMAIS, você não acha? Se ele existiu de verdade ou não, é algo imaturo de afirmar hoje em dia. Nem é importante. O que buscamos nos gregos da antiguidade não tem relação com "pessoas que existiram de verdade", mas com "ideias que são interessantes de verdade".

Estudar história de forma madura é saber colher o que é significativo e importante saber HOJE, sem pretensão fanática de certeza absoluta sobre detalhes do que aconteceu antes de nós.

HOJE, são reconhecidos dois Sextos Patriarcas do zen. Nenhum deles guardou as relíquias.

É difícil confiar em qualquer relato, porque houve uma disputa entre os discípulos, dos discípulos, dos discípulos dos Patriarcas, que tornou toda pesquisa suspeita. Uma briga mesquinha e nojenta, cheia de baixaria entre gente ridícula.

Um dos monges envolvidos nessa disputa era um vigarista talentosíssimo, autor de vários documentos evidenciando um intelecto brilhante. Ao que tudo indica, foi ele quem escreveu um famoso documento muito convincente e bonitinho e emotivo, cuja autoria ele atribui ao próprio Huineng (morto há muito tempo). Com isso (além de várias manobras políticas que não vale a pena mencionar) ele convenceu a comunidade da época e Huineng virou o Sexto Patriarca "oficial".

No entanto, hoje são reconhecidos dois Sextos Patriarcas e Shenxiu (que foi transformado em vilão no documento forjado) também é amplamente reconhecido como um grande mestre.

O "ponto quente" do relato forjado, que é uma das histórias mais famosas do zen e merece o seu lugar aqui, a despeito de tudo, era assim:

Hongren, o Quinto Patriarca, estava à beira da morte e o monastério discutia sobre quem seria o seu sucessor. Shenxiu, retratado como o aluno intelectual e mauricinho – o preferido de todos; garoto de ouro, privilegiado por todo um aparato político – escreve uma linda poesia na parede do pátio, cheia de símbolos eruditos do chinês:
O nosso corpo é como a Árvore da Iluminação.
A nossa mente é como um espelho resplandecente.
É preciso limpar e polir continuamente,
A poeira que se acumula no espelho da mente.

Huineng, que de fato era iletrado, foi representado como um coitadinho, super humilde e menosprezado, que ouviu por acaso o poema, da boca dos outros monges. Ele teria pedido que um deles o ajudasse a escrever o seu próprio poema, perto do outro:
Iluminação não é árvore.
A mente não é espelho.
Se o princípio da mente é o vazio,
Onde vai acumular poeira?

Reconhecendo naqueles versos a verdadeira

compreensão, o mestre Hongren teria apagado a poesia de Huineng da parede, receoso que os sectários de Shenxiu o perseguissem.

Em segredo, Hongren teria passado a tigela e a túnica de Bodhidharma para Huineng, recomendando que o pobre coitado fugisse.

Shenxiu e seus comparsas de fato perseguiriam Huineng, para tomar dele a túnica e a tigela. É uma história mesmo de aventura – um "shonen" zen. Quando os monges finalmente o alcançam, de acordo com esse relato forjado, acontece mais ou menos o seguinte:

Os monges exigem a tigela e a túnica. Huineng gentilmente as coloca no chão e abre mão delas para sempre. No entanto, Shenxiu e seus companheiros não conseguem levantar os objetos do chão, porque de repente eles pesam toneladas.

Reconhecendo a superioridade de Huineng, Shenxiu pede orientação.

Huineng faz uma pergunta que você já conhece e que vai te dar uma boa perspectiva sobre a amplitude da influência dessa história. Huineng pergunta a Shenxiu:

"Qual é o seu rosto original? Qual é o rosto que você já tinha, antes que os seus pais tivessem nascido?"

Essa pergunta ilumina Shenxiu, ilumina os outros monges, ilumina eu e você e o mundo inteiro e todos são felizes para sempre.

Biografia zen

Em sua juventude, Dokyo Etan foi um jovem samurai a serviço de Matsudaira Tadatomo. Em certa ocasião, observando que alguns soldados mais velhos assediavam um monge, pedindo talismãs com o nome de uma deusa budista, o rapaz se aproximou interessado.

O monge, no entanto, sentiu que o jovem possuía algum tipo de vocação extraordinária e decidiu tratá-lo com franqueza. Quando os soldados saíram, ele disse:

"Ei, garoto... O budismo não deve ser buscado nas coisas de fora. Esse tipo de amuleto não tem poder nenhum. Você deve buscar pelos deuses dentro de si mesmo."

Etan não entendeu nada do que o monge dizia, mas o tempo passou e ele continuava atormentado pelo dilema, que se transformou na sua Grande Dúvida.

Em certa ocasião, Dokyo Etan caiu de uma escada e perdeu a consciência. Ao despertar, sentia que finalmente compreendera o que o monge queria dizer, mas, sem a confirmação de um mestre qualificado, a dúvida ainda o habitava.

O rapaz pediu a Tadatomo que o liberasse das atividades no clã, para se tornar um monge. Sendo ele mesmo um budista devoto, Tadatomo aceitou de bom grado que o jovem perseguisse a vocação espiritual.

Assim, Etan visitou o mestre Shido Munan, que confirmou que ele havia experimentado uma realização parcial, ainda muito carente de aprofundamento. O jovem praticou com Munan por mais um ano, até receber dele um certificado que afirmava sua iluminação.

Depois disso, Dokyo Etan partiu na tradicional peregrinação para visitar mosteiros e mestres, em busca de aprofundamento. Concluída sua peregrinação, ele voltou a viver com o mestre Munan.
No leito de morte, o mestre Shido Munan convocou Dokyo Etan e disse:
"Já estou muito velho e você é o único dos meus discípulos que domina o meu ensinamento. Eu vou te entregar agora os pergaminhos que recebi do meu mestre, Gudo Toshoku, que por sua vez os recebeu de seu próprio mestre e assim por diante, ao longo da história de nossa escola. Eu incluí algumas palavras que expressam minha compreensão. É um registro muito importante, que confio a você. Proteja-o."
Etan disse, empurrando os pergaminhos de volta para o mestre:
"Se são tão importantes, você deveria mantê-los."
"Mas você precisa deles para provar é que meu legítimo sucessor!"
"Não havia orientações por escrito quando você me ensinou e eu não preciso delas agora," insistiu Etan.
O mestre admitiu:
"Isso é verdade. No entanto, esses documentos têm passado de mestre a discípulo por várias gerações e eu gostaria de entregá-los a você."
Etan aceitou os papéis respeitosamente e, ato contínuo, jogou o embrulho no braseiro que aquecia os aposentos do mestre, onde naturalmente

eles pegaram fogo. Munan gritou irritado:
"O que você está fazendo?"
Etan gritou com igual intensidade:
"Do que você está falando?"

Mais tarde, Dokyo Etan se retirou para viver isolado nas montanhas e a sua mãe, que havia se tornado uma monja, eventualmente se juntou a ele. Os dois levavam uma vida simples e iluminada, recebendo alunos e guiando as pessoas à outra margem – entre essas pessoas, o grande mestre e pintor Hakuin [vimos disso no vol. 2 e mais um pouco a seguir].

Popularmente chamado de "Velho do Eremitério Shoju", ou simplesmente "Shoju", o mestre Dokyo Etan andava com as roupas em trapos e os cabelos desarrumados.

Ele também tinha o hábito de meditar em cemitérios – uma prática muito antiga, que hoje pode nos parecer muito mórbida e aversiva, mas lembre-se que é do repugnante esterco que sai o viço e exuberância dos frutos e das flores. Aceitando e presenciando de maneira esclarecida a realidade da morte, surge um respeito profundo e uma maravilha inexaurível sobre a realidade da vida.

À beira de sua própria morte, com 80 anos, Etan pediu material para escrever e entregou o seguinte yuige aos seus discípulos:

> Morrendo às pressas,
> É chato pensar em palavras.
> Se fosse pra falar de verdade,
> Eu não diria nada!

Hakuin e o "Velho do Eremitério Shoju"

Depois de entrar, sair e entrar de novo na vida monástica, decepcionado com os mestres e escolas, mas sempre amedrontado em relação ao inferno, Hakuin finalmente chegou ao velho Shoju; Dokyo Etan.

Quando Hakuin tentou apresentar seu conhecimento do zen para o velho mestre, Shoju o interrompeu:

"Besteira e bobagem!"

Hakuin repetiu em voz alta:

"Besteira e bobagem!"

O mestre lhe agarrou as orelhas e o atirou pra fora da varanda em que vinha se refrescando, antes do aluno chegar. Chovia, de forma que o pobre Hakuin se descobriu rolando na água e na lama. Quando ele se recuperou, voltou à varanda e curvou-se na frente do mestre, que disse:

"Seu maldito ocupante da caverna escura!"

Alguns dias depois, convencido que o mestre simplesmente havia falhado em apreciar a verdadeira profundidade da sua compreensão a respeito do zen – que o próprio Hakuin admitiria mais tarde que o enchia de orgulho, fazendo com que ele sentisse que "ninguém nos últimos 300 anos tivera uma iluminação tão profunda!" – o rapaz estava determinado a se provar pro velho professor.

Assim que teve oportunidade, Hakuin invadiu o quarto do mestre e exauriu toda a sua ingenuidade numa competição com Shoju. O mestre deu vários tapas em Hakuin e, mais uma vez, o atirou para fora do aposento.

O quarto do mestre, no entanto, ficava a

vários metros do chão e Hakuin quase ficou inconsciente com a queda.

O mestre olhou pela janela e, lá de cima, riu com muito gosto. Foi isso que trouxe Hakuin de volta a si, experimentando uma revelação que cobriu as suas costas de suor. No entanto, quando ele correu para se curvar mais uma vez na frente de Shoju, o mestre afirmou que ele ainda não havia se libertado e o criticou como antes:

"Seu maldito ocupante da caverna escura!"

Arrasado, Hakuin foi à vila para mendigar por comida, pensando em abandonar o velho. Foi enterrado nesse clima deprê, que Hakuin teve uma revelação súbita e voltou correndo, muito exaltado, para encontrar-se com Shoju. Ainda antes que ele atravessasse o portão, o mestre reconheceu que algo tinha acontecido e gritou:

"Vejo que você está chegando em casa com ótimas notícias! Venha logo me contar! Rápido!"

Depois disso, o mestre nunca mais lhe xingou, ou bateu – embora também nunca o tenha reconhecido como sucessor.

Apesar dessa recusa na "transmissão da lâmpada" – que, mais tarde, outros mestres não teriam ressalvas em conceder – Hakuin afirmaria sempre que Shoju foi o seu verdadeiro mestre e que recebera dele a sua compreensão a respeito do zen.

E que compreensão era essa?

Você devia procurar agora, embora os próximos capítulos também possam ajudar.

"SHOKI"
HAKUIN - JAPÃO (SEC. XVIII)

Hakuin: Cântico do Zazen

Por natureza, todos os seres são Buda.
É como o gelo que, por natureza, é água.
Sem água, não existe gelo.
Fora dos seres, não existem budas.

A verdade fica perto,
Mas as pessoas procuram longe.
É como alguém no meio da água,
Sofrendo com a sede;
Como quem nasceu na riqueza
E foi atirado à pobreza.
Perdidos em trilhas de ignorância,
Vagamos os Seis Mundos.

O motivo do nosso sofrimento
É uma ilusão de identidade.
Passando de uma trilha sombria para a outra,
Temos vivido no escuro.
Quando poderemos nos libertar do Samsara [a Roda da Vida e da Morte]?

Ah, o zazen Mahayana
Merece todas as honrarias!
Elogios não bastam para descrevê-lo!
A devoção e a libertação,
A prática e os Paramitas;
A fonte de tudo isso é o zazen.

Uma única experiência verdadeira,
Desfaz crimes ancestrais.
Para onde foram as trilhas sombrias?
É a própria Terra Pura da Lótus na esquina!

Quem escuta essa verdade
Com gratidão no coração –
Valorizando, respeitando, praticando –
Recebe méritos sem fim.

Volte-se para dentro;
Descubra sua natureza verdadeira.
A natureza verdadeira não tem identidade.
Nossa identidade é vazia.
Isso vai muito além de meras teorias.
A equivalência entre causa e efeito é esclarecida.

O Caminho é direto em frente;
Não há dois, nem três.
Com a forma que não tem forma,
Indo e vindo sem sair de casa.
Pensando sem pensamentos,
Cantamos e dançamos o verdadeiro Dharma.

Enorme e livre é o Céu do Samádi.
Brilhante é a lua da sabedoria.
Verdadeiramente, não falta nada.
O que existe do lado de fora?
O que não está incluído?

Aqui, o Nirvana nu à frente dos seus olhos.
Bem onde estamos é a Terra Pura da Lótus.
Esse próprio corpo é o Buda.

Hakuin: meditar de verdade

O que é meditar de verdade?

É a tosse, o ato de beber, um aceno com as mãos, o movimento, a quietude, as palavras, as ações, o bem, o mal, o certo e o errado e tudo – transformados num só koan.

"Hotei Abrindo o Saco"
[No saco: "Vida e felicidade infinitas como o mar"]
Hakuin - Japão (sec. XVIII)

Mais braços pra Kannon

Por que Kannon tem tantos braços?
Por que o imperador tem tantos oficiais?
O decreto imperial se expandiu por todo o império, mas o imperador não saiu do trono.
Havia um velho cego que vivia nas montanhas e lia a sorte dos outros. Quando chovia, ele gostava de usar sapatos brancos. As pessoas diziam:
"Você é cego! Como consegue caminhar pela estrada cheia de barro, sem manchar os sapatos brancos?"
O velho da montanha respondia:
"Tem um olho no cajado."
Esse velho comprova. Quando você busca um travesseiro à noite com a mão, existe um olho na mão. Quando você come, tem um olho na língua. Quando você reconhece a voz de alguém, tem um olho no ouvido.
O Mudo Su conversava com um surdo e escreveu sobre isso:
"Nós dois somos pessoas engraçadas. Eu falo com as mãos e ele escuta com os olhos."
O Buda mencionou a permutação dos sentidos e, sem dúvida, isso é verdade.

Ostinato do Canto dos Vales de So Shoku

Sons do vale: a eloquente língua.
Forma da montanha: não é o Corpo Puro?
Através da noite, escuto oitenta e quatro mil poemas.
Quando a manhã chega, como explicar aos outros?

O som dos córregos é a vasta língua de Buda.
As montanhas formosas são seu Corpo Imaculado.
Os oitenta e quatro mil poemas desta noite,
Como descrevê-los amanhã?

O som dos córregos nos vales é a língua imensa de Buda.
A forma das montanhas é o seu próprio corpo.
À noite, milhares de ensinamentos e versos proferidos.
Como compartilhar com os outros o que eles dizem?

Sons do vale são a língua grande e larga de Buda.
As cores das montanhas não são nada além do corpo de Buda.
Ouço oitenta e quatro mil versos durante a noite.
O que posso falar sobre eles depois?

As vozes dos córregos e vales são a eloquente língua.
As formas na montanha não passam de Corpo

Puro.
   Ao longo da noite, oitenta e quatro mil versos.
   No dia seguinte, o que dizer?

Dogen: Montanhas e águas são sutras

Neste exato momento, as montanhas e as águas que você contempla expressam o Caminho de todos os budas da antiguidade.
Imersas em suas próprias condições, tanto as montanhas quanto as águas desabrocham o seu potencial completo.
Desde ainda antes do tempo insondável, as montanhas e as águas têm estado em atividade e, por isso, neste exato momento, elas estão vivas.

Representando as circunstâncias da existência, desde antes da criação das formas, as montanhas e as águas são a realização materializada.
As montanhas são altas e largas. Por isso, a sua forma de cavalgar as nuvens parte sempre da sua própria natureza. O seu poder maravilhoso de erguer-se no vento surge livre e espontâneo, da sua própria natureza.

O mestre Dokai disse à assembleia:
"As montanhas verdes estão sempre caminhando; uma mulher de pedra dá à luz uma criança na noite."
Você compreende? Às montanhas, não falta nenhuma característica de uma montanha. Dessa forma, elas se realizam e constantemente caminham. Devemos examinar cuidadosamente essa questão do caminhar constante.
O caminhar das montanhas é como o caminhar dos humanos. Por isso, não duvide do caminhar das montanhas, só porque elas não aparentam dar passos, como os humanos. Os budas

ancestrais destacavam virtudes do caminhar. Essa compreensão é fundamental. Você precisa atravessar essas palavras.

Mas como é esse caminhar das montanhas? É um caminhar constante. Embora elas caminhem mais rápido que o vento, poucos percebem ou compreendem isso.

"Nas montanhas" [de repente] se refere ao desabrochar do mundo inteiro. Quem está fora das montanhas não sente isso, nem sabe disso. Aqueles que não têm olhos para enxergar montanhas não podem perceber, experimentar, compreender, ou escutar essa realidade.

Se você duvida que as montanhas caminham, você não conhece o seu próprio caminhar. Não é que você não caminhe; mas você não compreende, nem esclareceu o seu próprio caminhar.

Para esclarecer o próprio caminhar, é imperativo compreender em profundidade o caminhar das montanhas verdes.

As montanhas verdes não são sencientes, nem insensíveis. Você não é senciente, nem insensível. Não abrigue nenhuma dúvida sobre o caminhar das montanhas.

Às vezes, não percebemos que é possível observar as montanhas a partir de múltiplos universos de fenômenos. Investigue minuciosamente o caminhar das montanhas e o seu próprio caminhar. Investigue andar para trás, andar ao contrário e andar de volta para casa.

Desde de tempos imemoriais, caminhar para frente e para trás nunca foram interrompidos. Se o caminhar fosse interrompido, budas não teriam surgido. Se o caminhar chegar a um fim, budas vão parar de surgir.

Caminhar para frente é contínuo. Caminhar para trás é contínuo. Caminhar para frente não impede o caminhar para trás. Caminhar para trás não impede o caminhar para frente. A isso, nós chamamos de "fluxo da montanha; a montanha fluindo".

As montanhas verdes exaustivamente praticam o caminhar. As Montanhas do Leste exaustivamente praticam viajar em cima da água. Essas são práticas das montanhas. Mantendo sua própria forma, sem dividir-se em corpo e mente, uma montanha sempre pratica por toda parte.

Então não insulte as montanhas, dizendo que elas não podem caminhar, ou viajar em cima da água. É por superficialidade de compreensão que uma pessoa duvida da frase "as montanhas verdes estão sempre caminhando".

É imaturo em sabedoria quem fica chocado com as palavras "montanhas fluindo". Sem compreensão profunda, até as palavras "água fluindo" vão te afogar em poças de perspectivas superficiais e entendimento estreito.

Estamos tratando do que é completo e inclui nome, forma e energia vital. Existe um caminhar, existe um fluir e existe o momento em que uma montanha dá à luz uma montanha criança; porque montanhas são budas e budas surgem assim.

Você tem olhos para enxergar as montanhas como pedras, árvores, grama e terra; mas não deixe que isso te confunda, ou carregue. Essa não é a percepção completa.

Mesmo que chegue o momento em que você enxergue nas montanhas o esplendor de todos os setes tipos de tesouro, esse ainda não é o retorno à Origem.

Mesmo que você perceba nas montanhas o reino onde todos os budas praticam, essa compreensão não é algo ao qual se apegar.

Ainda que você alcance a compreensão mais sofisticada das montanhas, percebendo nelas todas as maravilhosas características dos budas, a verdade ainda vai além isso. Essas descrições não são a compreensão dos budas da antiguidade, mas apenas olhar pro céu através de um tubo.

"Definir circunstâncias e diferenciar a mente" é criticado pelos sábios. "Explicar a mente e explicar a Origem" não tem relação com os budas da antiguidade. "Intelectualizar sobre a mente" e "intelectualizar sobre a Origem" é ocupação de quem não é budista.

Palavras e frases, enquanto modelos, não levam à libertação. Existe algo independente de todos os modelos. É aí que as montanhas caminham e viajam sobre a água. Investigue bem isso.

O trecho sobre "uma mulher de pedra dá à luz uma criança na noite" quer dizer que o momento em que uma mulher estéril dá à luz uma criança é chamado de "noite".

Sobre a mulher de pedra, existem pedras masculinas, pedras femininas e pedras que não são nem masculinas, nem femininas. Distribuídas pelo céu e pela terra, elas são chamadas de pedras celestiais e de pedras terrestres. Isso já foi explicado no mundo da intelectualidade secular, mas raramente é compreendido.

Para entender o significado de "dá à luz uma criança", você deve investigar o seguinte: na hora do parto, a mãe está separada da criança?

Perceba que a questão não envolve apenas transformar-se em mãe, quando a sua criança nasce – também envolve transformar-se na criança. É assim que compreendemos o parto, na prática da Realização. Reflita sobre isso.

Foi o grande mestre Ummon quem disse:
"As Montanhas do Leste viajam por cima da água."

O importante nessas palavras é que todas as montanhas são Montanhas do Leste e que todas as Montanhas do Leste viajam por cima dá água.

O Monte Sumeru e todas as montanhas do mundo estão incluídas; praticando e confirmando a Realização. Essas são as "Montanhas do Leste".

Atualmente, no império da China, há um grande contingente de indivíduos irresponsáveis, reunidos em grupos que são numerosos demais para que os poucos mestres verdadeiros possam esclarecer. Esses indivíduos ignorantes afirmam que declarações como "as Montanhas do Leste viajam por cima da água" são ilógicas e não fazem sentido.

Esses tolos acreditam que o pensamento lógico não tenha relação com os budas da antiguidade, ou com as palavras zen. Eles afirmam que apenas histórias ilógicas e sem sentido expressam o Caminho dos Budas.

Para essas pessoas, as pauladas de Obaku e os gritos de Rinzai estão além da lógica e não fazem sentido; são expressões iluminadas e incompreensíveis, que partem da experiência que precede as formas.

Quem diz uma coisa dessas, nunca encontrou um mestre de verdade, nem despertou por conta própria o Olho da Compreensão. São indivíduos imaturos e iludidos, a quem nem vale a pena mencionar. As histórias que esses carecas idiotas chamam de "irracionais" são ilógicas apenas para eles – não são ilógicas, nem irracionais para os budas.

Até sem entender, é bom que eles continuem estudando o Caminho da antiguidade. Mesmo que no final das contas esteja além de sua compreensão, a compreensão atual deles não serve.

Eu mesmo já presenciei reuniões desse tipo de pessoa na China. São evidências desse trágico período de declínio do Dharma pelo qual passamos. É uma pena que eles não compreendam palavras lógicas, ou a lógica das palavras. Quando zombei deles na China, ninguém tinha o que dizer e ficaram todos mudos. A sua concepção de "palavras ilógicas" é uma perspectiva distorcida.

Mesmo que você não tenha um bom professor à disposição, você mesmo faz parte da realidade. Não imagine que os mestres são incompreensíveis, apenas porque muitos não compreendem.

"Montanhas do Leste viajando por cima da água" são os ossos e a medula dos budas. Todas as águas brotam aos pés das Montanhas do Leste. Além disso, todas as montanhas cavalgam as nuvens e caminham no céu. Todas as montanhas são a parte de cima da cabeça das águas. Todas as montanhas caminham com os dedos dos pés dentro da água e borrifam as águas e fazem bagunça. Nesse sentido, existem sete caminhares verticais e oito caminhares horizontais. Essa é a prática da Realização.

As águas não são nem fortes, nem fracas; nem molhadas nem secas; nem em movimento, nem imóveis; nem frias, nem quentes; nem existentes, nem inexistentes; nem iludidas, nem iluminadas.
Quando a água congela, fica mais dura que a pedra. Quem poderia destruí-la? Quando a água amolece, é mais macia que o leite. Quem poderia destruí-la?
Não tenha dúvida que a água manifesta essas características. Na prática, as águas das dez direções devem ser percebidas nas dez direções. Essa investigação não se limita ao momento em que humanos e devas olham pra água. Praticamos o momento em que a água enxerga a água.
Praticando e realizando água, a água expressa a água. A prática é o momento em que a identidade enxerga a identidade. Deve-se caminhar para frente e para trás nesse caminho; deve-se atravessar e ultrapassar esse caminho onde algo enxerga a si mesmo.

A maneira de enxergar a água varia, de acordo com os seres que a enxergam.
Alguns seres enxergam a água como uma gema preciosa – no entanto, isso não quer dizer que eles enxerguem gemas preciosas como água. Qual é a relação entre o reino humano e água enxergada por aqueles seres? Humanos enxergam a gema preciosa deles como água e é só.

Alguns seres enxergam a água como flores maravilhosas – isso não quer dizer que eles usem flores como água.

Fantasmas famintos [espíritos atormentados; habitantes de um círculo específico do inferno budista] enxergam a água como lava flamejante, ou pus e sangue. Os dragões e os peixes enxergam á água como um palácio, ou quiosque. Alguns seres enxergam a água como as sete formas de tesouro, ou como uma joia que realiza desejos. Alguns seres enxergam a água como uma floresta. Alguns seres a enxergam como uma parede.

Alguns seres enxergam a água como a natureza verdadeira da libertação completa; o verdadeiro corpo humano, ou uma representação do corpo e do fundamento da mente.

Humanos enxergam a água como água. A água pode ser vista como morta ou viva, dependendo das circunstâncias e condições de quem a enxerga.

Percebemos que o enxergar dos seres não é igual. Pergunte-se o seguinte: existem várias formas de enxergar uma mesma coisa, ou é um erro enxergar várias coisas em uma? Compreenda essa questão até além dos limites da compreensão.

De forma análoga, a prática da Realização no Caminho não está limitada a este ou àquele modelo. O reino da Realização Completa tem milhares de modelos e dezenas de milhares de formas.

A água existe para inúmeros seres, mas não existe uma água original. Não existe uma água em comum para todos os seres.

Apesar disso, para todos os seres, a água não

depende da mente, ou do corpo. A água não surge de suas ações, do karma, nem está condicionada às suas identidades, ou diferenciações. A livre existência da água só depende da água.

Dessa forma, a água está além de "terra, água, fogo, vento, espaço e consciência". A água não é verde, azul, vermelha, branca ou preta. A água não é forma, som, cheiro, gosto, toque ou pensamento. Ainda assim, como parte da "terra, água, fogo, vento e espaço", a água surge espontaneamente.

Por causa disso, é difícil dizer o que produziu essa terra e esse palácio à nossa volta, ou como essas coisas surgiram. Dizer que o mundo se apoia no eixo do espaço, ou no eixo do vento, não representa a verdade da existência. Esse tipo de declaração se baseia em presunções e perspectivas limitadas. As pessoas falam assim porque imaginam que a existência seja impossível, sem apoiar-se em alguma coisa.

O Buda Gautama disse:
"Todas as coisas são completamente sem limites; não existe um lugar onde elas constantemente permaneçam."

Compreenda que, apesar das coisas serem completamente sem limites e da impermanência por todas as partes, as coisas ainda permanecem em suas próprias condições.

Quando seres humanos enxergam a água, eles só veem o que é possível enxergar de sua perspectiva humana limitada. Na realidade, a água flui de várias formas diferentes.

A água flui no céu e na terra; pra cima e pra

baixo. A água flui em espirais e forma abismos profundos. Quando ela sobe, se transforma em nuvens. Quando ela desce, forma abismos.

Wenzi [filósofo daoísta, possível discípulo de Laozi] disse:
"O caminho da água é tal que, ao subir para o céu, ela se transforma em nuvem, orvalho e gotas de chuva. Quando ela cai no chão, transforma-se em córregos e rios."
Até uma pessoa que não é budista sabe dessas coisas. Vocês, que se declaram crianças de Buda, deveriam ter vergonha de serem mais ignorantes do que uma pessoa qualquer.
O caminho da água não é percebido pela água, mas é realizado pela água. O caminho da água não é desconhecido pela água. A água simplesmente age como água.
"Ao subir para o céu, a água se transforma em nuvem, orvalho e gotas de chuva" quer dizer que a água flui para o céu e forma nuvens, orvalho e gotas de chuva. As nuvens, as gotas de orvalho e as gotas de chuva variam, de acordo com as circunstâncias diferentes. Imaginar que exista um lugar em que a água não alcança é o ensinamento de imbecis, ou daqueles que não falam de budismo.
A água existe dentro do fogo e dentro da mente. Dentro dos pensamentos e das diferenciações. A água também alcança dentro da Realização e da Natureza de Buda.
"Quando a água cai no chão, ela se transforma em córregos e rios." Isso quer dizer que, ao cair no chão, a água se transforma em córregos e rios. O princípio dos córregos e dos rios produz sábios. As

pessoas ordinárias e os idiotas acreditam que a água toma sempre a forma dos rios e oceanos que chamamos de rios e oceanos, mas a realidade não é essa. Existem rios e oceanos dentro da água. Também existe água onde não existem rios, ou oceanos. Acontece apenas que, ao cair no chão, a água assume a forma e as características dos rios e dos oceanos.

Também não imagine que, nesse mundo em que a água forma rios e oceanos, não existe a Terra Pura. Até de uma gota d'água, brotam incontáveis Terras Puras. Entretanto, não entenda disso que existe apenas água na Terra Pura, ou apenas Terra Pura na água.

A água simplesmente existe. Sua existência não tem relação com o passado, com o futuro, com o presente, ou com o mundo dos fenômenos. A despeito disso, no mundo dos fenômenos a água ilustra o ponto fundamental; ela é sutra e koan da Realização da Água.

Onde existem budas, existe água. Onde existe água, existem budas. Por isso, os budas ancestrais sempre estiverem próximos da água e a abraçaram como seus corpos e suas mentes – deixando que ela ocupasse os seus pensamentos.

A expressão "água não sobe" não tem embasamento em nenhuma escritura budista. O caminho da água vai para cima, para baixo e para todos os lados. Um sutra de fato diz o seguinte:

"O vento e o fogo sobem. A água e a terra caem."

O subir e descer desse trecho exigem análise. Ainda que usemos a palavra "cair" para descrever algo que a água e a terra fazem, "cair" não é exatamente a atividade da água e da terra. Igualmente, "subir" apenas descreve algo que o vento e o fogo fazem.

O mundo não é definido pelos limites de para cima, para baixo, esquerda, direita, para frente e para trás. Essas coordenadas são convenções imperfeitas que se conformam ao comportamento dos elementos. O Paraíso não deve ser imaginado como algo que fica "para cima", assim como os infernos não devem ser imaginados "abaixo". O inferno atravessa todo o reino dos fenômenos. O Paraíso atravessa todo o reino dos fenômenos.

Quando os dragões e os peixes enxergam a água como um palácio, pode ser que eles o façam da mesma forma que os seres humanos enxergam seus palácios. Talvez, eles não percebam que a água flui.

Vamos supor que alguém de fora lhes diga:

"O que vocês enxergam como um palácio, na verdade é água fluindo."

Os dragões e os peixes provavelmente ficariam tão chocados quanto algumas pessoas ficam, quando escutam as palavras "montanhas fluindo". Apesar disso, podem existir alguns dragões e peixes que entendam como os pilares e galerias de seus palácios são água fluindo. Reflita e medite em silêncio sobre o significado disso.

Se você não aprender a atravessar suas perspectivas superficiais, não será possível libertar-se do corpo e da mente de uma pessoa ordinária. Dessa forma, você será excluído tanto de experimentar a Terra Pura dos budas da antiguidade, quanto de realmente aproveitar até o palácio das pessoas ordinárias.

Ordinariamente, as pessoas sabem muito bem que a água é o conteúdo dos oceanos e córregos – mas elas não sabem como os dragões e os peixes enxergam e usam a água. Não seja tolo a ponto de imaginar que "isso que vemos como água" é utilizado como água por todos os seres.

Você que deu a mão aos budas, não deve se limitar à perspectiva humana, quando olha para a água. Vá além e investigue a água como Dharma. Investigue como você vê a água sendo utilizada pelos budas da antiguidade. Investigue se tem ou não tem água na casa deles.

Desde o passado sem fronteiras, até o presente sem fronteiras, as montanhas têm abrigado grandes sábios.

Sábios e santos sempre encontraram nas montanhas um refúgio; seus próprios corpos e mentes. Por causa dos santos e dos sábios, as montanhas foram convertidas em budas.

Você pode imaginar uma reunião de grandes sábios e santos "nas montanhas" [essas montanhas, que foram de barro em algum momento, de repente viram a própria noite, ou "samadhi do vazio" e, a cada passo, elas nunca param de se transformar; o discurso dos mestres não é para amadores e, para acompanhar, é preciso desenvolver "um nariz muito longo, que sente o cheiro de merda seca a quilômetros de distância e sente até o cheiro de melões que apodreceram no inverno passado"], mas, na realidade, depois de entrar nas montanhas, não acontece absolutamente nenhum encontro com ninguém. Existe apenas a atividade vital das montanhas. Não existem indícios de que ninguém tenha entrado nas montanhas.

Observando as montanhas a partir de uma perspectiva ordinária, ou observando as montanhas a partir das montanhas, o rosto e os olhos das montanhas são vistos de formas diferentes. [Aqui mesmo, as montanhas já mudam de novo.] A perspectiva em que as montanhas não fluem é como a dos dragões e dos peixes sobre a água.

Os seres humanos e devas alcançaram uma certa posição, em relação aos seus próprios mundos, cuja descrição despertaria a dúvida em vários seres, enquanto outros seres não têm capacidade para duvidar. Então em vez de ficar chocado com as palavras "montanhas fluem", investigue essas palavras com os budas.

Quando você adota uma certa perspectiva, você enxerga as montanhas fluindo; quando adota uma outra perspectiva, as montanhas não fluem.

Agora as montanhas estão fluindo e agora não. Se você não compreende isso, então você não compreende nem a roda das circunstâncias – muito menos o Dharma do Tathagata [um dos títulos do Buda Gautama].

Um buda da antiguidade disse:

"Se você não quer criar as condições do inferno, então não insulte o Dharma do Tathagata."

Grave essas palavras na sua pele, na sua carne, nos seus ossos, na sua medula, na sua casa, no vazio e onde mais puder. Elas já estão gravadas nas árvores e nas pedras; nos campos e nas vilas.

Ainda que as montanhas ocupem o território do império, as montanhas pertencem às pessoas que amam montanhas. Quando as montanhas gostam de um mestre, esse sábio ou santo vai para as montanhas.

Porque as montanhas pertencem aos santos, sábios e pessoas que amam montanhas, as árvores e as pedras abundam; os pássaros e as bestas sentem-se inspirados. Isso acontece porque santos e sábios espalham virtude. Você não deve duvidar que as montanhas gostam dos sábios e dos santos.

Governantes já visitaram as montanhas para homenagear os sábios e os santos, ou para ouvir suas orientações. São ótimos precedentes do passado e do presente. Nessas ocasiões, os governantes tratam os sábios e os santos como professores, ignorando as convenções do mundo secular. De fato, o poder do governante não tem autoridade sobre os sábios e santos das montanhas. As montanhas ficam à parte do mundo humano.

Quando o Imperador Amarelo visitou a Montanha Eu Vazio para prestar homenagem a Guang Cheng, ele se arrastou sobre os joelhos e curvou-se até que a sua testa encostasse no chão. Foi dessa forma que ele pediu orientações ao mestre.

Quando o Buda Shakyamuni abandonou o palácio contra a vontade de seu pai e foi para as montanhas, o rei não ficou ressentido das montanhas, nem abrigou desconfiança em relação às pessoas das montanhas que educaram o príncipe.

Dos 12 anos de prática do Buda, a maior parte foi nas montanhas. A sua iluminação aconteceu nas montanhas. Dessa forma, nem um rei todo poderoso tem autoridade nas montanhas.

As montanhas são o seu próprio reino, para os seres humanos e seres celestiais. Não aborde as montanhas pela perspectiva limitada do pensamento humano. Se você parar de julgar o fluir das montanhas pela compreensão humana do que é "fluir", você vai parar de duvidar que as montanhas fluem e não fluem.

Por outro lado, desde a antiguidade, os sábios e santos também viveram perto da água.

Vivendo perto da água, eles pescam peixe, pescam gente, ou pescam o Caminho. Esses são os estilos aquáticos tradicionais; são estilos do fluir do vento e dos córregos. Quando um grande mestre vive perto da água e por ali encontra seu sucessor, não é exatamente isso que acontece? À noite, nasce uma criança da pedra.

Além disso, também existe um pescar da sua identidade, morder-se com a isca, ser fisgado pelo anzol e pescado pelo Caminho.

Existe água no universo de seres sencientes e existe um universo de seres sencientes na água.

Existe um universo de seres sencientes nas nuvens.

Existe um universo de seres sencientes no ar.

Existe um universo de seres sencientes no fogo.

Existe um universo de seres sencientes no barro.

Existe um universo de seres sencientes numa folha de grama.

Existe um universo de seres sencientes num

cajado.

Existe um universo de seres sencientes através de todo o mundo dos fenômenos.

Onde quer que exista um universo de seres sencientes, existe um universo de budas ancestrais. Investigue exaustivamente o significado disso.

A água é o verdadeiro palácio do dragão.
A água não está caindo.
Considerar que a água apenas cai é insultar a água com a palavra "cair". Isso é tão obtuso quando insistir que a água não cai.

A água é simplesmente o verdadeiro estado da água. A água é a completude das características da água. Ela não está "caindo".

Investigando o cair ou não-cair; o fluir ou não-fluir de um pouco d'água, a experiência completa de todas as coisas é instantaneamente praticada.

Existem montanhas escondidas nos tesouros.
Existem montanhas escondidas nas planícies.
Existem montanhas escondidas no céu.
Existem montanhas escondidas nas montanhas.
Existem montanhas escondidas no esconder.
É assim que praticamos.

Um mestre da antiguidade disse:
"Montanhas são montanhas e águas são águas."

Essas palavras não dizem que montanhas são montanhas – elas dizem que montanhas são montanhas. Investigue as montanhas dessa forma.

Quando meditamos nas montanhas dessa forma, essa é a realização de dentro das montanhas. As montanhas e as águas, por si mesmas, transformam-se em pessoas, santos e sábios.

Kerozene: Montanhas nadam de braçada

Para a pessoa ordinária, "verdade" e "lógica" acompanham declarações do tipo "1+1=2". Mas na realidade, "um coelho mais uma coelha" são iguais a um número indeterminado de coelhos. Então qual é exatamente a natureza da verdade, ou da lógica em "1+1=2"?

Com isso, não estou sugerindo que não exista verdade e lógica em 1+1=2; só estou te convidando a investigar qual é exatamente a natureza disso e a quais mundos essa verdade e essa lógica estão confinadas.

Você pode representar uma montanha através de um triângulo, mas a montanha não é um triângulo.

Por isso, como já vem sendo sugerido há um tempo, talvez os lógicos e matemáticos na verdade sejam pessoas com o intelecto bem reduzido, que simplificam o mundo em busca de compreendê-lo; mas que no final das contas só estão compreendendo as formas simplificadas que existem em seus próprios pensamentos, enquanto, por causa disso, vão se afastando mais e mais da compreensão da realidade que ultrapassa os pensamentos.

Uma pessoa = um universo inteiro. Uma pessoa = mais do que as pessoas falam dela. Pessoa é ideia, mas uma pessoa é real. Você mesmo sabe.

Até um matemático sabe que "uma pessoa" é igual a um número inimaginável de células, formadas por uma quantidade insondável de partículas. Mesmo essas partículas, na realidade, são indefiníveis e insondáveis. Não são "tijolos" que possamos somar, multiplicar ou dividir para compreender o mundo.

Se a gente somar todos os órgãos, as células e partículas de uma pessoa num balde, como numa equação, o resultado não é "uma pessoa". Numa única gota de água, existe um universo inteiro. Uma só unidade do planeta Terra é igual a todos os matemáticos da história humana e todos os números que eles já imaginaram.

Assim, parece até fácil argumentar que são os mestres zen budistas que dizem coisas "lógicas", quanto à representação da realidade como ela é.

Os matemáticos lidam com certezas linguísticas e padrões estabelecidos de revisão, justamente porque o seu objeto de estudo é apenas uma ilusão que eles mesmos inventaram e abraçaram em seus pensamentos. São coisas que só existem "de verdade" na imaginação humana.

O princípio fundamental do budismo trata do que existe de verdade, para além das ilusões que criamos em nossos pensamentos.

São dois tipos muito diferentes de lógica e de verdade. Então não é que as ilusões sejam inúteis, ou ruins – só estou afirmando que existe mais do que elas. É certo enxergar várias coisas em uma e inúmeras possibilidades para um conceito, ou é errado perceber várias coisas em uma?

Combinar com um grupo de pessoas que todos devem afinar-se a um conceito artificial de "unidade" – passível de soma, multiplicação e tudo mais; útil apenas como referência para manipular em "gambiarra" os pensamentos simples, no lugar das coisas complicadas – não é o equivalente de "conhecer o mundo".

É só porque os pensamentos são infinitos e vão ficando muito complicados – enquanto surge o apego que nos guia pelo nariz como se fôssemos bois – que esquecemos da verdadeira natureza dos números e das palavras, que cada língua convenciona para representar os objetos do pensamento humano.

Alguém combinou com as coisas, que cada uma delas é uma coisa só?

Alguém explicou aos coelhos que "um mais um" precisa resultar em apenas dois?

Você soma um fósforo aceso e um papel, acaba com um monte de cinzas, um cheiro forte e uma liberdade imensa.

Apesar da interpretação limitada que uma pessoa ordinária faz desse tipo de declaração, o zen budismo não é "anti-intelectual". Isso seria como dizer que, para sua cabeça chegar à altura de um metro e oitenta, você precisa cortar as próprias pernas.

O que o zen budismo denuncia e rejeita é a subordinação da experiência humana à perspectiva limitada da intelectualidade humana – a busca da "realidade" em explicações e modelos teóricos; estruturas feitas de linguagem, criadas no pensamento humano, elevadas à condição de deuses.

São os pensamentos que estão dentro da realidade e não a realidade que está dentro dos pensamentos. Tente perceber isso na prática.

Ninguém está sugerindo que abandonemos as

vacinas, comodidades e pesquisas – apenas indicando que isso não é "compreender" o universo, o ser humano, os seres vivos, ou a realidade. São apenas produtos de experimentos com tentativa e erro, motivados por interesses mundanos que eventualmente apodrecem. Racionalidade instrumental. Mitologia Branca.

Os egípcios da antiguidade criaram obras avançadas de engenharia. Foi mesmo porque eles acreditavam em um monte de besteira, que produziram tanto sacrifício e sofrimento, materializados em grandes edifícios macabros e inúteis.

Eles acreditavam que o conhecimento necessário para construir coisas complicadas era sabedoria, mas qual era a sabedoria deles?

Eles imaginavam naquilo algum tipo de salvação, mas qual foi a salvação que aquilo trouxe?

Se explicássemos a alguém no Egito Antigo que no futuro haveria luz elétrica, geladeiras, comunicação por satélite, montarias mecânicas, vacinas, microscópios e foguetes, o representante do passado provavelmente imaginaria um paraíso. No entanto, não trouxe o paraíso. O que falta? Telefones menores? Televisões e bombas maiores?

Como Adorno já mencionou, não existe uma história que leva da selvageria ao humanitarismo, mas existe uma história que leva do estilingue à bomba atômica.

Zhuangzi diz que o intelectual é a arma afiada do mundo e não devia ficar onde o os outros possam usá-lo.

Apesar disso, intelectuais da Igreja estiveram ao lado dos reis, filósofos chineses eram estrategos de guerra e, agora mesmo, os cientistas e sua tecnologia são o braço direito do poder e da guerra.

É raro o intelectual em qualquer época que perceba essa relação, ou que assuma essa responsabilidade, mas, dois mil e quinhentos anos atrás, Zhuangzi já denunciava que as carruagens dos "sábios" marcavam uma longa trilha até a porta dos senhores feudais.

"Ter ideias brilhantes" e "construir coisas" não equivale a "compreender a realidade" – mas simplesmente a interferir no processo natural das coisas, buscando vantagem limitada e passageira. É possível e recorrente que humanos inventem mecanismos impressionantes para envenenar a própria sopa.

Você conhece a história de Perilo, Fálaris e o Touro de Bronze? Um "gênio criador" inventou um aparelho de tortura sofisticado, para agradar a um tirano sádico, mas acabou sendo a primeira vítima do flagelo; que ele mesmo inventou para se queimar! Isso ilustra muito bem o caso.

Santos Dumont inventou o avião e, vendo na guerra o uso que fizeram da sua criação, teria se enforcado com a gravata. É só mais um exemplo, entre tantos (pra nem falar de Harry Harlow, ou de Einstein), de inteligência demais e sabedoria nenhuma; de muita lógica e nenhuma lógica.

Quando você coloca a água no fogo, ela ferve. Se você acredita que um demônio passa do fogo pra água, ou prefere falar numa "estimulação dinâmica molecular", no fundo, a verdade é que a água simplesmente ferve; independente do que seres humanos tagarelam a respeito do assunto.

Uma descrição é certamente mais frutífera do que a outra, para manipular os usos e consequências materiais da água que ferve e do fogo, mas no fundo isso é apenas um mapa das coisas no pensamento humano; não equivale às coisas em si mesmas, nem representa compreensão da realidade, ou sabedoria. É um mapa, que se pode conhecer completo, sem conhecer o terreno. Um mapa que pode te atrapalhar a entender o terreno, quando a realidade contradiz o que você aprendeu no papel.

Uma pessoa que subordinou sua experiência ao racionalismo instrumental, coloca a água no fogo e afirma que "fez" a água ferver, ou que a água ferve POR CAUSA de uma "estimulação dinâmica molecular" – mas "estimulação dinâmica molecular" é só uma ideia no pensamento humano. A água nem ficou sabendo disso. A água já estava fervendo por aí, muito antes que alguém apresentasse esse "motivo". A verdade é que a água simplesmente ferve, por natureza.

"Estimulação dinâmica molecular" não faz nada ferver. Faça uma estimulação desse tipo no papel e ele reage diferente. Como é que alguém poderia "fazer" a água ferver, se ferver não fosse a natureza da água?

Inventar nomes e convenções a respeito da água fervendo não tem nada a ver com entender a natureza da água. É simplesmente observar o que acontece e descrever de forma detalhada para o pensamento dos outros, como o pintor descreve para os olhos dos outros o que observa.

Imaginar nisso uma "coisa criada pelo ser humano", ou "o ser humano descobrindo a verdade do universo" é como um médico que fizesse um parto e afirmasse ter "feito" a criança porque a ajudou a sair; ou que "compreende" a realidade da criança, porque a pesou numa balança.

Criança já nascia e água já fervia, antes da ciência. Antes que os seres humanos falassem besteira.

Se você pode identificar uma pessoa com o conceito de "um", porque faz sentido numa certa perspectiva convencionada pela história do pensamento humano, muito mais autoridade tem dizer que as montanhas viajam na água, porque faz sentido numa certa perspectiva que se baseia na realidade do universo – que naturalmente transcende o pensamento humano. Não cabe numa ideia, mas é a realidade do universo, a sua própria realidade e você pode experimentar.

O universo ultrapassa a linguagem humana, da mesma forma que ultrapassa a visão humana, o olfato humano, a audição humana, o perfume das flores, o peso das pedras, o caminho das águas e tudo mais que surge dentro do universo. E ainda assim, cada minúscula partícula do universo é parte legítima do universo e o representa completo.

Nada se perde e nada se cria – tudo se transforma. Quem é que nunca ouviu isso? Quem é que entende isso de verdade? Quem percebe nisso a realidade da própria existência; da própria vida?

Uma pessoa sábia não rejeita nada que existe; mas questiona cuidadosamente essa história de "1+1=2" e não duvida de forma alguma que as montanhas estão sempre fluindo e caminhando.

Fudaishi

De mãos vazias, com a pá na mão.
Andando a pé, vou sentado num boi.
Cruzo a ponte sobre a água –
É a ponte que flui em vez da água.

Detalhe de "Figuras e Animais Brincando"
Kawanabe Kyosai - Japão (sec. XIX)

A espada que mata, enquanto faz viver

Nansen disse à assembleia:
"Não posso falar nada sobre a existência dos tantos budas catalogados nos Três Reinos [da forma, do desejo e do vazio] – mas posso testemunhar pessoalmente pela existência dos cachorros e dos bois brancos."

Comentário:

Sendo um grande e admirável professor da nossa escola, Nansen age espontaneamente. Num golpe só, ele é capaz de matar e de dar a vida. Numa única ação, ele sabe como rolar pra dentro e pra fora ao mesmo tempo.
Se você quer conhecer o corpo da realidade, não recorra às ideias e descrições.
Não se busca a verdade nos budas do passado, do presente, ou do futuro. É indispensável que você veja por conta própria.
O que está aqui agora? Você não percebe?
Cada grão de comida no prato tem sabor.
Cada gota de água na fonte é molhada.

Verso:

Não sei muito sobre história, ou filosofia;
Sei apenas do vento fresco
Subindo as mangas da minha túnica.

Cascos de cavalo

Os cascos do cavalo podem atravessar a geada e a neve. O pelo do cavalo o protege do vento e do frio.

O cavalo come grama, bebe água do córrego, levanta a perna e sai correndo. Essa é natureza do cavalo. Se cavalos tivessem varandas confortáveis e aposentos luxuosos, não saberiam o que fazer com isso.

Então chega um Bo Luo [seu nome é a origem do nome do esporte "polo"], prometendo:

"Eu sou bom em lidar com cavalos!"

A partir daí, ele começa a marcar os animais com ferro quente, tosá-los, apará-los, discriminá-los, restringi-los com rédeas e freios, amarrá-los em estábulos e tocos... Quando chegamos a esse ponto, uns dois ou três cavalos em cada dez já morreram.

O "especialista em cavalos" percebe esse lado? É claro que não! Ele "aprimora" o seu método deixando os cavalos com fome e com sede para o treinamento, correndo com eles, desfilando com eles, empurrando-os pra entrar em fila, forçando-os a correr em formação...

Na parte da frente, os cavalos são oprimidos por freio e rédeas; na parte de trás, há o terror do chicote e das esporas. Quando chegamos a esse ponto, mais da metade dos cavalos já morreu.

Esse é o erro que observamos entre as pessoas poderosas. Na minha opinião, alguém que fosse realmente bom em lidar com o poder não sairia por aí fazendo esse tipo de besteira.

O ser humano tem sua natureza original. Uma pessoa não está isolada nisso, nem é peça de uma engrenagem. Isso é o que chamamos de "Emancipação do Paraíso".

Aí então chega o sábio, bajulando e chantageando com benevolência; seduzindo e condenando em nome da retidão. Pela primeira vez, o mundo experimenta a dúvida.

O sábio chega impondo e pavoneando suas teorias complicadas, desdenhando de quem não as estudou. Ele vem cortando e costurando com seus ritos e cerimônias. Pela primeira vez, o mundo é dividido.

Se a substância bruta e natural não estivesse maculada, então de onde teriam surgido esses altares de sacrifício?

Se a jade branca não estivesse despedaçada, então de onde teriam surgido os cetros e as coroas?

Se o Caminho e sua virtude não fossem desprezados, como seria possível que alguém sobrecarregasse os outros com benevolência e retidão?

Se a forma original da nossa natureza não estivesse abandonada, que uso teríamos para as teorias complicadas e para as regras cerimoniais que o sábio trança como rédeas pra controlar gente feito cavalo?

Macular a substância bruta e natural, para criar apetrechos – esse é o crime do artesão.

Apagar o Caminho e suas virtudes do coração das pessoas, confundindo a todos com benevolência e retidão – a culpa disso é do sábio.

Quando os cavalos vivem livres nas planícies, eles comem grama e bebem água do córrego. Satisfeitos, eles entrelaçam seus pescoços e se esfregam uns nos outros. Irritados, eles dão as costas e chutam. Todo cavalo sabe fazer isso.

É quando você os oprime com arreios e celas; quando os enfileira em barras e tocos, que eles aprendem a arrancar os tocos, quebrar os arreios e morder as rédeas. É dessa forma que os cavalos aprendem a cometer os piores tipos de canalhice. A culpa disso é do criador de cavalos.

Antes das Três Dinastias, nos tempos de Hexu, as pessoas ficavam em casa sem saber o que estavam fazendo. Elas passeavam sem saber aonde iam. Com bocas entulhadas de comida, elas eram brincalhonas. Batucando as próprias barrigas, elas passavam o tempo. Isso é tudo que elas sabiam fazer.

Então chegaram os sábios, com seu curvar e ajoelhar de cerimônias e teorias, para regular a forma externa das relações humanas – o que, na cabeça deles, iria reformar o mundo.

Chegaram os sábios, pendurando cenouras de benevolência e retidão à frente dos rostos das pessoas, imaginando que isso iria confortar o coração delas.

Pela primeira vez, as pessoas aprenderam a se esgueirar pelos cantos e a cobiçar conhecimento. As pessoas aprenderam pela primeira vez a lutar até a morte por vantagem – ninguém conseguiria mais impedi-las. No final das contas, a culpa disso é do sábio.

Pregando palavras

Um monge perguntou a Doken:
"É verdade que você declarou, em certa ocasião, que a pessoa pregando palavras é extraordinária entre os sábios?"
Doken confirmou que era verdade. O monge desafiou:
"O Buda Shakyamuni afirmou nunca ter pregado palavras! Ele apenas apontou para o céu e para a terra."
Doken respondeu:
"Eu diria que ele foi uma pessoa pregando palavras, porque ele apontou para o céu e para a terra."

Comentário:

O grande mestre Bodhidharma disse:
"O zen é uma forma especial de transmissão; fora das escrituras e sem relação com palavras e símbolos."
O grande mestre Doken disse:
"A pessoa pregando palavras é extraordinária entre os sábios."
Confuso com esse dilema, um monge tentou esclarecer a questão. Ele ainda não compreende que expressão e atividade são uma realidade só.
Sutras, koans, palavras, silêncio, o choro de um bebê, as formas, cores, gestos, ações, o som dos córregos nos vales e o contorno das montanhas — tudo isso são expressões da natureza de buda e do absoluto vazio [como todas as imagens na superfície de uma televisão são expressões da tela negra].

Doken afirma que Shakyamuni pregava palavras, porque apontou para o céu e para a terra. Eu diria que até a matéria inerte prega palavras. As montanhas e os rios continuamente manifestam as palavras dos budas da antiguidade.

Investigando a questão com intimidade, percebemos que todos os fenômenos do universo – sejam visíveis ou invisíveis, audíveis ou inaudíveis, tangíveis ou intangíveis, conscientes ou inconscientes –expressam continuamente a verdade do universo.

Você escuta? Você enxerga?

Tome o conselho do mestre Tozan e "enxergue com os ouvidos; escute com os olhos". É só depois disso que você vai compreender a realidade indizível do mundo.

Versos:

O lago em silêncio
Abre um Caminho.
Nem Shakyamuni "entendia".
Como comunicar aos outros?

Resposta em branco

O leigo Pang desafiou Baso:
"Eu gostaria que você me dissesse qual é o princípio que essas palavras ilustram: 'Água não tem osso, mas sustenta várias frotas de navios.'"

Baso respondeu:
"No princípio que você pretendia ilustrar, não cabe nem a água – então por que falar de osso, ou frota?"

A mente é buda

Daibai perguntou a Baso:
"O que é Buda?"
Baso respondeu:
"A mente é buda."

Comentário:

Se alguém entender isso completamente, ele estará vestindo as roupas de Buda, comendo a comida de Buda, falando palavras de Buda e se comportando como Buda – ele é Buda.
No entanto, essa anedota contaminou vários discípulos com a doença da formalidade.
Se alguém compreende isso de verdade, vai lavar a boca com sabão por três dias, depois de pronunciar a palavra Buda.
Ele vai tapar os ouvidos e sair correndo, ao escutar "a mente é Buda".

Versos:

Sob o céu azul,
Banhado pelo sol,
Não é preciso procurar a luz.

Perguntar o que é Buda
É guardar o roubo no próprio bolso
E gritar que é inocente.

Indiscreto

Nansen disse:
"A mente não é Buda. Aprendizado não é o Caminho."

Comentário:

Nansen estava ficando gagá e se esqueceu de sentir vergonha.
Ele arreganhou sua boca imunda e fedorenta, expondo escândalos de família.
Apesar disso, há poucos que apreciem sua bondade.

Versos:

Quando o céu está claro, surge o sol.
Quando a terra racha, a chuva vem.
Ele abriu completamente a boca e gritou,
Mas era inútil falar aos porcos e peixes.

Abrindo o baú

Para prevenir que um ladrão abra os seus baús, revire as suas bolsas e investigue o interior de suas malas, você tranca bem o baú, empilha as malas, prende as sacolas e amarra tudo muito juntinho e organizado com uma corda.
Isso é o que as pessoas ordinárias e os "sábios" reconhecidos por elas chamam de "sabedoria".
No entanto, chega um ladrão fortão, coloca o seu embrulho amarrado nas costas e sai correndo com tudo de uma vez só.
O único medo do ladrão é que você não tenha feito um bom trabalho; que as cordas não sejam fortes o bastante, ou que não estejam suficientemente bem amarradas.
A única reclamação do ladrão é que você não tenha arrumado tudo isso um pouco antes, pra que ele pudesse levar mais cedo.
Nessa ilustração, percebemos como a pessoa que vinha sendo chamada de "sábia" na verdade só estava facilitando o trabalho de um ladrão fortão.

Vou tentar me explicar melhor: o que as pessoas ordinárias chamam de "sabedoria" não passa de empilhar e amarrar as coisas, para favorecer algum ladrão fortão.
O que as pessoas ordinárias chamam de "sábio" na verdade é só um cão-de-guarda protegendo algum ladrão fortão.
Como é que posso afirmar isso? Ora, sabemos que na antiguidade houve a província de Qi. De qualquer uma das províncias vizinhas, você

poderia enxergar as outras. O latir dos cachorros e o gritar dos galos em alguma dessas províncias seria ouvido nas outras. Havia áreas muito bem demarcadas para a caça, para a pesca e para a agricultura. Templos e altares foram organizados e construídos. Em todo o território da província, reinavam as recomendações e orientações dos sábios.

Apesar de toda essa sabedoria, de um dia para o outro o visconde Tian Cheng assassinou o governante da província e tomou o poder.

Será que foi só o território que ele roubou?

Não foi. Junto com o território, ele também roubou toda a organização e as regras imaginadas pelos sábios; toda a produção de riquezas e controle comunitário que os sábios empilharam e amarram, esperando que um ladrão fortão viesse buscar.

Em posse de tal tesouro, mesmo recebendo a reputação de ladrão e de bandido, o corpo de Tian Cheng descansava tão confortável e protegido quanto o de um Yao, ou de um Shun [reis considerados justos e queridos].

As leis e tratados, criados para favorecer e proteger o rei-filósofo, agora protegiam e favoreciam um bandido. Baseadas no mesmo tipo de métodos e leis imaginados pela sabedoria dos sábios, as províncias menores não ousariam desafiá-lo. As províncias maiores não se importariam com um ataque. Dessa forma, várias gerações da família de um ladrão governaram a província de Qi.

Esse é ou não é um caso onde um ladrão se apoderou de um território, levando como espólio as leis e as regras dos sábios, que foram utilizadas para favorecer e proteger o bandido?

Vou tentar me explicar ainda melhor: o que as pessoas ordinárias chamam de virtude da sabedoria perfeita na verdade não passa de empilhar e amarrar as coisas pra favorecer um grande ladrão.

O que as pessoas ordinárias chamam de santo e sábio na verdade é só o cão-de-guarda protegendo um grande ladrão.

Como é que eu posso afirmar isso? Ora, quem é que não sabe o que acontece aos sábios fracassados que resolvem tirar conselhos de alguma sabedoria que contradiz ou atrapalha os grandes ladrões? Na antiguidade, Guan Longfeng foi abatido; Bi Gan foi estripado; Chang Hong foi despedaçado; Wu Zixu foi forçado ao suicídio. Desse tipo de sábio, qual é aquele que escapa da destruição? Quem são os "sábios" recebendo medalhas e cargos importantes?

O maior vilão da história recente, o facínora Zhi, foi questionado em certa ocasião por um de seus capangas:

"Os ladrões também têm alguma virtude?"

Zhi disse:

"Como é que a gente poderia se virar, sem virtude? Estimar com habilidade quanto esconde cada sala é conhecimento. Ser o primeiro a entrar é valentia. Ser o último a sair é retidão. Compreender quando o trabalho pode ou não pode ser feito é sabedoria. Dividir o roubo em partes iguais é benevolência. Seria impossível tornar-se um grande ladrão, sem essas cinco virtudes!"

Com isso, percebemos que o bom súdito do

reino recorre às virtudes do santo e do sábio para se destacar, enquanto o facínora Zhi recorre às mesmas virtudes para exercitar sua atividade.

As boas pessoas são poucas e as pessoas ruins são muitas. Dessa forma, vemos que o sábio nos traz poucos benefícios e muitos problemas.

É por isso que dizemos: "quando os lábios vão embora, são os dentes que sentem frio; a gente empurra a alavanca pra baixo e ela ajuda a levantar."

Quando o mundo reconhece um sábio, um grande ladrão se aproxima. Espante os sábios a vassouradas; bandidos e ladrões desaparecem. O mundo finalmente estará bem administrado.

Se os córregos ficam secos, o vale fica vazio. Quando a água desce das colinas, os reservatórios transbordam.

Quando o sábio desaparece, os grandes ladrões param de assediar. O mundo fica pacífico e descomplicado.

Enquanto os sábios continuam por aí, grandes ladrões sempre vão surgir. E se você tentar acumular sábios, ou dar mais poder aos sábios, na esperança de organizar o mundo, você estará acumulando mais bagagem para o facínora Zhi carregar.

Crie metros e quilos para que as pessoas possam comparar e elas vão cobiçar por metros e quilos.

Crie réguas e balanças para que as pessoas possam se precaver e elas vão roubar com réguas e balanças.

Crie assinaturas e carimbos para garantir a confiança dos contratos e as pessoas vão trapacear com assinaturas e carimbos.

Crie a benevolência e a retidão para reformar as pessoas e elas vão corromper com benevolência e correção.

Como é que eu posso afirmar isso?

Quem rouba a fivela de um cinto é condenado à morte, mas quem rouba uma província vira senhor feudal.

Todos sabemos que os mensageiros da sabedoria, da benevolência e da retidão podem ser encontrados bem à porta dos senhores feudais.

Então as pessoas seguem por aí – correndo os passos de um ladrão, almejando a posição de um senhor feudal, pervertendo o mundo com discursos de benevolência e retidão, enquanto abocanham pra si mesmas todo o lucro dos metros e dos quilos, das réguas e das balanças, das assinaturas e dos carimbos.

Mesmo que você tente atraí-las com honrarias e recompensas, você não poderia mais desviá-las. Mesmo que você as ameace com o machado do carrasco, você não poderia mais detê-las.

Esses baús sendo entulhados de tesouros, até que nada poderia segurar o facínora Zhi – isso tudo é culpa do sábio.

Há um ditado que diz: "O peixe de águas profundas não deveria se afastar das águas profundas; as armas afiadas do Estado não deveriam ser exibidas ao povo."

O sábio é a arma afiada do mundo e, por causa

disso, não deveria ficar onde o os outros possam usá-lo.

Jogue fora a sapiência, cuspa longe a sabedoria e os grandes ladrões vão desaparecer. Quebre a jade, esmague a pérola e os cobiçosos vão parar de surgir. Queime as assinaturas, despedace os carimbos e as pessoas ficarão simples e inocentes. Desfaça a balança, parta a régua em duas e as pessoas vão parar de disputar. Incinere e pulverize as leis que os sábios criaram para o mundo e finalmente você vai poder ter uma conversa razoável com alguém.

As pessoas geralmente tidas como grandes professores e gênios, na verdade perseguem virtudes externas, dizendo pra si mesmas que foram bem sucedidas quando agradam alguém e que fracassaram quando ninguém aplaude. Nessa palhaçada de buscar a realização fora de si mesmas, elas cegaram e confundiram o mundo. O método delas é inútil.

Será que no mundo inteiro só você ainda não ouviu falar dos tempos de Virtude Perfeita? Os tempos de Yong Cheng, Da Ting, Bo Huang, Zhong Yang, Li Lu, Li Xu, Xian Yuan, He Xu, Zun Lu, Zhu Rong, Fu Xi e Shennong.

Os tempos em que o "apetrecho" que as pessoas usavam era dar nós em alguma corda, para se lembrar das coisas mais tarde. As pessoas saboreavam sua comida simples. As pessoas admiravam suas roupas rústicas. As pessoas se divertiam com seus costumes grosseiros e estavam satisfeitas em suas moradas toscas.

Ainda que cidades vizinhas estivessem tão

próximas que de uma se pudesse ouvir o cachorro latindo, ou o galo cantando na outra, as pessoas envelheciam e morriam sem atravessar suas fronteiras. Em tempos como aqueles, não havia nada além da mais perfeita ordem.

Mas então algo aconteceu para fazer as pessoas esticarem seus pescoços e arregalarem os olhos:

"Apareceu uma pessoa muito virtuosa em tal lugar!"

Juntando provisões para a viagem, eles partem desembestados. Em casa, esquecem dos pais. Na cidade, ignoram o trabalho comunitário. As suas pegadas formam uma linha ininterrupta ao longo da história, até a porta dos senhores feudais. As rodas de suas carroças marcam uma trilha imensa.

Até hoje, as pessoas poderosas cobiçam e validam a forma superficial de sabedoria que possam roubar. Enquanto as pessoas poderosas cobiçarem a sabedoria e viverem sem Caminho, o mundo vai experimentar grande confusão. Como é que eu posso afirmar isso?

A sabedoria capacita o ser humano para criar arcos, flechas, estilingues e outros apetrechos similares. Quando isso acontece, os pássaros fogem confusos para o céu.

A sabedoria capacita o ser humano para criar anzóis, iscas, arpões e tarrafas. Quando isso acontece, os peixes fogem confusos para o fundo da água.

A sabedoria capacita o ser humano para criar redes, armadilhas, gaiolas e jaulas. Quando isso acontece, as bestas fogem confusas para o pântano.

A verborragia retórica capacita o ser humano para criar mentiras e ambiguidades envenenadas; para criar os labirintos de ser e não ser; a complicação infecta da semelhança e diferença – ofuscando a compreensão de todos.

É por isso que eu posso afirmar que o mundo é prejudicado pela nuvem negra da confusão. A origem desses problemas está na cobiça pela sabedoria, que transforma a dúvida num hábito do povo.

As pessoas no mundo sabem o bastante para perseguir aquilo que ainda não sabem, mas não têm a inspiração necessária para perseguir aquilo que já sabem.

As pessoas no mundo sabem o bastante para condenar aquilo que as desagrada, mas não têm a inspiração necessária para condenar o que lhes agrada.

Por cima, essa grande confusão pode falsear a luz do sol e da lua. Por baixo, ela pode debilitar o vigor das colinas e dos córregos. No meio, pode perturbar o próprio equilíbrio entre as estações.

Sequer os insetos zumbindo e rastejando, ou as criaturas voando e planando mantiveram sua natureza original, tamanha é a confusão que a cobiça pela sabedoria projeta sobre o mundo.

Desde as Três Dinastias e até agora, isso é tudo que temos visto. Um desprezo crescente pelas pessoas puras e rústicas, paralelo ao encantamento por bajuladores obsessivos e barulhentos. O progressivo desdém pela claridade cristalina da inação ociosa, em favorecimento de um deleitar-se no empurra-e-puxa de ideias pomposas.

Esse empurra-e-puxa já confundiu o mundo por tempo demais.

Hotei apontando para a lua

Uma vida inteira
De pobreza,
Com riquezas além
Da imaginação.

Apontando pra lua,
Olhando pra lua;
Esse velho hóspede
Trilha o Caminho.

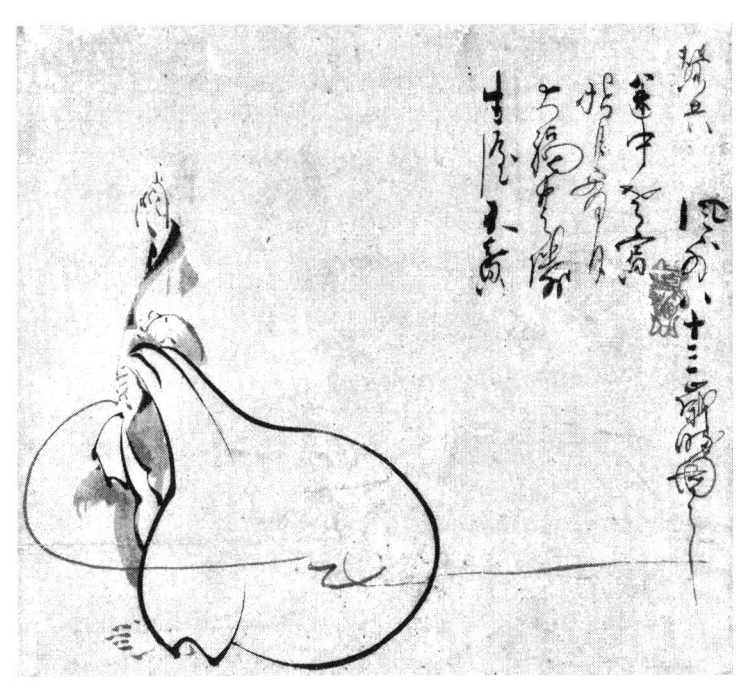

"Hotei Apontando para a Lua"
Fugai Eku - Japão (1650)

Explicando a não-explicação

O Caminho Perfeito não leva a parte alguma;
Fica em lugar nenhum.

Tente agarrá-lo;
Ele terá escapado por dez quilômetros.

"Isso é ilusão; isso é iluminação,"
Também não se aproxima.

Você pode expor teorias;
Pode dividir-se
Entre ideias de ser e não ser...

Mas tagarelando
Sobre o Caminho do Meio,
É fácil perder o rumo.

Eu vou manter minhas experiências maravilhosas comigo.

Tente falar rigorosamente sobre a iluminação,
E as suas palavras
Vão se autodestruir.

A iluminação de Rinzai

Rinzai passou três anos praticando no mosteiro do mestre Obaku, sem fazer nenhuma pergunta sobre zen. Um dos monges veteranos identificou algo de especial no rapaz e o aconselhou:
"Você deveria ir até o mestre para perguntar qual é exatamente o significado fundamental do Dharma de Buda."
Rinzai foi consultar-se com Obaku, mas, antes que o jovem conseguisse terminar de falar, o mestre lhe bateu. Por três vezes, Rinzai repetiu a pergunta e, por três vezes, Obaku lhe bateu.
O jovem foi até o veterano que o havia aconselhado e disse:
"Você caridosamente sugeriu que eu fizesse uma pergunta ao mestre, mas ele apenas me bateu. Estou envergonhado, pois claramente algo me bloqueia de compreender o seu profundo ensinamento. Acho que é melhor se eu for embora."
O veterano disse:
"Se você vai embora, acho que é melhor ir se despedir do mestre."
Depois de aconselhar o jovem dessa forma, o veterano se apressou para chegar primeiro a Obaku e disse:
"Apesar de imaturo, esse rapaz que te perguntou sobre o Dharma tem muito potencial. Quando ele vier se despedir, por favor tente guiá-lo com especial habilidade. No futuro, ele vai se transformar numa árvore imensa, projetando a sua sombra protetora sobre o mundo."
Rinzai foi se despedir de Obaku, que disse:
"Se você vai embora, então siga direto para o

ermitão Hui Hong."
Rinzai visitou Hui Hong, que disse:
"De onde você veio?"
"Do mestre Obaku."
"E o que o velho Obaku tem a dizer?"
Rinzai disse:
"Por três vezes, eu perguntei qual era exatamente o significado do Dharma de Buda e por três vezes ele me bateu. Eu não sei o que fiz de errado."
Hui Hong riu e disse:
"Mas ele te tratou com o carinho de uma avó! Ele se esforçou de verdade para te mostrar, tentando criar uma trilha de fogo que te desviasse das suas dúvidas e apontasse diretamente para a porta de entrada do Caminho. Por que você está se perguntando o que fez de errado, como se fosse uma punição?"
Rinzai experimentou profunda iluminação instantânea e disse:
"No final das contas, esse Dharma do Obaku não é lá grandes coisas..."
O ermitão o empurrou e disse:
"Seu merdinha endemoniado! Um minuto atrás, você estava se perguntando o que tinha feito de errado! De uma hora pra outra, você já quer falar que não é grande coisa? Então como você entende o Dharma? Rápido! Responda!"
Rinzai deu três socos no ermitão.
O velho riu e disse:
"O seu mestre é o Obaku. O que você ainda está fazendo aqui?"
Rinzai voltou para o mosteiro de Obaku e foi curvar-se na frente do mestre, que disse:
"Você vai... Você volta... Isso não tem fim?"

Rinzai disse:

"Eu só voltei porque o seu carinho de avó é profundo."

"E aonde você foi?"

"Onde você mandou."

"E o que Hui Hong disse?"

Depois que Rinzai narrou os fatos, Obaku disse:

"Quando aquele velho tagarela aparecer por aqui, eu vou descer o cacete nele!"

Rinzai disse:

"Por que esperar?"

Ato contínuo, ele bateu no mestre.

Obaku disse:

"Seu monge maluco! Você está puxando o bigode do tigre!"

Rinzai gritou.

Obaku disse aos veteranos:

"Arrumem um lugar no hall de meditação, para esse doido."

Perceba imediatamente

Shoshin foi aceito como discípulo do mestre Dogo, mas, depois de instalar-se no mosteiro, ele não recebeu nenhuma instrução formal de seu professor.

O novato trabalhava disciplinadamente nas obrigações do templo, mas estava sempre ansioso por uma lição que não chegava nunca.

Quando a frustração ficou insuportável, Shoshin confrontou o mestre Dogo durante as tarefas diárias e lhe disse assim:

"Já faz muito tempo que vim morar aqui, mas até agora você não me falou nem uma única palavra a respeito da essência do zen budismo!"

O mestre, muito surpreso, respondeu:

"Não diga tamanha calúnia! Desde o dia em que você chegou aqui, tenho oferecido lições constantes sobre os fundamentos do zen."

"E que lições foram essas, exatamente?"

"Ora, quando você me traz um copo de chá, eu aceito. Quando você prepara minha refeição, eu como. Quando você se curva na minha frente, eu te respondo com um gesto da minha cabeça... De que outra forma você esperava ser instruído na disciplina mental do zen budismo?"

Os olhos de Shoushin perderam o foco, enquanto ele mergulhava em divagações sobre o discurso do mestre, que lhe repreendeu assim:

"Se você quer aprender zen budismo, então perceba imediatamente. Quando você começa a pensar, você perde o alvo."

Kyogen, a vassoura e o bambu

Kyogen Chikan foi um erudito que se gabava de sua memória impressionante, estudando zen no mosteiro de Isan Reiyu, no Monte Gui. Em certa ocasião, o mestre Isan disse a Kyogen:

"Você vive falando palavras cultas e inteligentes, mas são apenas frases que você decorou dos clássicos. Sem recorrer aos sutras e comentários, o que você poderia me dizer sobre aquele tempo em sua infância, quando você ainda nem sabia distinguir esquerda e direita?"

Kyogen ofereceu várias explicações complicadas, mas não recebeu aprovação do mestre. Ele se enfurnou entre os livros que vinha colecionando e, mesmo depois de vários dias, permanecia no escuro. Eventualmente, muito envergonhado, ele acabou colocando fogo nos livros e disse:

"O desenho de um bolinho de arroz não alivia a fome. Eu sou um inútil, sem o talento necessário para compreender o ensinamento de Buda nesta encarnação e vou me dedicar a ajudar o mosteiro como posso, preparando a comida dos colegas."

Dessa forma, ele foi cozinheiro do mosteiro por dois anos, antes de consultar-se novamente com Isan:

"Eu consegui me libertar das diferenciações que me assombravam, mestre, mas agora estou bloqueado. Você poderia me dizer uma palavra?"

Isan disse:

"Não seria difícil te explicar, mas se eu te explicasse, eu receio que no futuro você me desprezaria por causa disso."

Mais tarde, visitando o túmulo do "Professor Nacional Zhong", no Monte Wudang – vendo que o monumento estava sujo e negligenciado – Kyogen construiu uma cabana por perto e passou a viver ali, cuidando do local. Para que pudesse desfrutar de alguma companhia, ele plantou bambus.

Certo dia, varrendo o túmulo do Professor Nacional, uma pedrinha foi atirada pela vassoura e colidiu com um bambu, produzindo um barulho inesperado que levou Kyogen a experimentar completa iluminação.

Kyogen tomou um banho, vestiu roupas cerimoniais e ofereceu incenso, curvando-se na direção do Monte Gui:

"Se você tivesse me explicado naquela oportunidade, mestre, isso não poderia ter acontecido agora. O seu carinho por mim foi maior do que o carinho dos meus pais!"

Na ocasião, ele escreveu um poema:

Uma varrida desmorona o conhecimento.
Já não existe mais esforço.
Sigo o Caminho da antiguidade,
Sem afogar-me em dúvidas.
Virtude que ultrapassa som e forma,
Sem deixar rastros.
Aqueles que chegaram ao Caminho
O consideram a Atividade Inigualável.

Esse poema chegou a Isan, no Monte Gui. O mestre comentou:

"Esse aí atravessou."

Comentário:

Os budas da antiguidade não transmitiram nem uma palavra. O Dharma de Isan é transmitido diretamente, como uma vela que acende outra vela. Não se apegue a vassouras, pedrinhas ou bambu. Não se pode enxergar, ouvir ou saber.

Porque o Caminho abrange tudo, não há comunicação. Se você atravessar a floresta de cipós e trepadeiras, abandonando toda forma de apego, vai descobrir que a paz te acompanha por toda parte.

Versos:

Ouvir os barulhos
Com o corpo e a mente completos.
Enxergar as formas
Com o corpo e a mente completos.
É assim que conhecemos
Sua intimidade.

De mais um prefácio interessante

Eu cresci ouvindo sobre os princípios do budismo e me libertei da jaula de complicações em minha juventude. Por quase 30 anos, peregrinei visitando os mestres. As escolas zen são bem numerosas, principalmente no Sul do país. Apesar disso, são raros os indivíduos que alcançaram realização.

Ainda que a compreensão inefável do princípio budista seja instantânea e imediata, o seu aprofundamento é gradativo. Sabemos que as diferentes escolas têm métodos diferentes, mas, considerando que todas elas buscam o benefício das pessoas, o seu objetivo final é o mesmo. Sem familiaridade com as várias doutrinas do Ensinamento, fica mais difícil atravessar a barreira de discriminação e subjetividade.

Se você cavalgar as palavras certas pelas trilhas erradas, permitindo inconsistências e pervertendo significados importantes, isso confunde as pessoas das gerações futuras e atira a todos num círculo vicioso.

Eu já investiguei o assunto e ele é bastante profundo. Também já tentei descartá-lo, mas ainda falta um pouco. A intelectualidade que ofusca o Caminho só fica mais forte. Aprofundar-se intelectualmente é inútil.

Numa vida em silêncio, estou sempre gritando.

Numa vida sem tabus, obstinadamente eu respeito certos princípios.

Canto iluminado

Atravessei oceanos e rios –
Escalei montanhas e me perdi nas florestas
Para conversar com os mestres;
Para aprender sobre a Verdade
E para meditar.

Hoje,
Recluso na montanha,
Vivo numa cabana humilde.
Enormes são as rochas.
Longas sombras acompanham as árvores.
Debaixo de um velho pinheiro,
Eu pratico zazen.
Tranquilidade perfeita e simplicidade rústica
São os imperadores aqui.

Não se apegar unilateralmente ao vazio:
Essa é a morada de todos os budas.
A marca de um verdadeiro monge
É sua determinação inquebrável.
As dúvidas que surgirem,
O Caminho esclarecerá por conta própria.

Quem é que não tem pensamentos?
Quem é que não foi nascido?
Quando o nascimento é abandonado,
O não-nascer é esquecido.

Mesmo entre as colinas verdejantes

Não invejem a minha vida,
Longe do mundo das pessoas.
Se você está satisfeito,
Naturalmente encontrará a paz.
Compreenda que mesmo entre as colinas verdejantes,
Também espreitam os lobos e os tigres da mente.

Por quê?

A caminho de mendigar na cidade,
Encontrei um velho sábio na estrada.
Ele me perguntou:

"Mestre, por que você vive na montanha,
Isolado e sozinho entre as nuvens?"

"E você?", eu retruquei,
"Por que vive na cidade,
No meio da poeira vermelha do mundo?"

Nós dois abrimos a boca para responder,
Mas permanecemos em silêncio;
Até que o sino de um templo por perto,
Despertou-nos de um sonho.

Dias na capital

Ano passado, na primavera,
Quando os pássaros cantavam,
Tive saudade dos meus irmãos e parentes.
Neste ano,
Quando crisântemos de outono desabrocham,
Lembro do tempo em que também fui jovem;
Quando águas verdes murmuravam em milhares de rios
E nuvens amarelas preenchiam o céu.

Ah, de todos os cem anos da minha vida,
Preciso lembrar com tamanha saudade
Daqueles dias na capital?

Guo Xiang

Alegria e tristeza são relações de perda e ganho. A pessoa que compreendeu profundamente o mundo, alcançando harmonia com as suas transformações, vai se contentar com o que quer que os tempos tragam.

Tal pessoa segue o fluxo natural do mundo, independente da situação em que se encontre. Tal pessoa encontra união intuitiva com o universo; ela será quem ela é, sempre e onde quer que esteja.

Como é que a perda e o ganho, ou a vida e a morte poderiam se intrometer nisso?

Dessa forma, é permitindo que aquilo que recebemos da natureza siga o seu curso espontâneo, que desaparece a subordinação à alegria, ou tristeza.

Universidade samurai

O lendário samurai Bokuden – um "santo da espada", ou "kensei" [vol. 2] – tinha três filhos, que naturalmente recebiam dele treinamento militar.

Para testar a habilidade dos rapazes no caminho da espada, Bokuden colocou uma almofada em cima da porta de correr do seu aposento, de forma que ela caísse por cima de quem entrasse. Depois desse arranjo, ele mandou chamar seu filho mais velho, Hikoshiro.

Assim que começou a deslizar a porta, muito atento e delicado, o rapaz notou que havia algo errado e, tateando através da pequena abertura que fizera, ele encontrou a almofada e a removeu; antes de entrar cerimoniosamente no aposento do pai. Na hora de sair, ele colocou novamente a almofada onde a havia encontrado.

Então Bokuden convocou seu filho do meio, Hikogoro, e o rapaz atravessou a porta normalmente, derrubando a almofada – no entanto, antes que ela o acertasse, o rapaz pegou o objeto no ar e o devolveu ao seu lugar original.

Finalmente, chegou a vez do filho mais jovem, Hikoroku – e a almofada bateu bem em cima da cabeça dele. No entanto, antes da almofada encostar no chão, o rapaz a havia partido ao meio com a sua espada.

Terminada essa avaliação misteriosa, Bokuden convocou todos os filhos e disse ao mais velho:

"Você é motivo de orgulho para a nossa casa e já domina o caminho da minha escola."

Ao filho do meio, ele disse:
"Continue praticando."
Ao filho mais jovem, ele disse:
"Você é uma vergonha para o nosso clã e precisa repensar seus modos cuidadosamente."
O rapaz não disse nada, mas estava visivelmente contrariado – já que se imaginava digno de elogios, pela velocidade da sua reação.
Bokuden acrescentou:
"Ainda antes que vocês tivessem nascido, eu tive um aluno que reagia muito rápido a tudo. As pessoas mundanas o elogiavam por isso. Em certa ocasião, caminhando pelo mercado da vila, ele se aproximou de um cavalo agitado que desferiu um poderoso coice; mas o rapaz era tão ágil, que conseguiu se desviar do chute. Diz-se que muitos aplaudiram, impressionados. O rapaz ficou vaidoso com isso e veio gabar-se na minha presença. Eu o expulsei da escola e disse que nunca mais queria vê-lo de novo."
O filho mais velho concordou com a cabeça.
O filho do meio parecia confuso, mas não disse nada.
O caçula disse:
"Por que você expulsaria alguém com tanta habilidade?"
O pai respondeu:
"Foi exatamente isso que ele disse. Vocês não compreendem a minha escola. Uma pessoa incapaz de pressentir o perigo – que só consegue reagir a ele – não é digna de usar uma espada. Um espadachim verdadeiramente habilidoso nunca teria se aproximado negligentemente de um cavalo inquieto."

Estação Ryokan

Um chuvisco de início de primavera cai constante,
Mas o desabrochar das flores
Ainda não veio alegrar o mundo.

Durante toda a manhã, sento perto do fogo.
Ninguém para conversar.
Eu busco o caderno
E pincelo uns poemas.

~~~

Mantenha o coração limpo e transparente
E você sempre será livre.
Quando um único pensamento é agitado,
Isso cria infinitas distrações.
Deixe que as dez mil coisas te cativem
E você vai se distanciar do Caminho.

Como é doloroso ver as pessoas
Perdidamente emaranhadas de si mesmas.

~~~

No meio de dez mil árvores,
Cortando o vale de neblina,
Escondida entre mil montes,
Há uma trilha para um só.

O outono ainda não chegou,
Mas as folhas já vão caindo.
Ainda há pouca chuva,
Mas as pedras já brilham saturadas.

Com uma cesta,
Vou colhendo cogumelos;
Com uma tigela,
Bebo a pura água da fonte.

A menos que alguém tenha se perdido de propósito,
Ninguém chegaria tão longe.

~~~

Se alguém pergunta onde moro,
Eu respondo:
No canto leste da Via Láctea!
Como uma nuvem flutuando,
Cercado por muro nenhum,
Apenas me desprendo
E me entrego
Ao capricho do vento.

~~~

Voltei a Itoigawa, minha vila natal.
Estando doente, descanso numa estalagem
E ouço o barulho da chuva.
Uma túnica e uma tigela são tudo que tenho.
Sentindo-me um pouco melhor, ergo meu corpo adoecido.
Queimo um pouco de incenso e sento para meditar.
Durante a noite inteira, a chuva tristemente cai e
Tenho devaneios da minha peregrinação pelos últimos dez anos.

~~~

O tempo passa.
É impossível contê-lo,
Ou voltar atrás.
Por que, então, os pensamentos permanecem,
Depois que tudo mais se foi?

~~~

Na terra dos sonhos,
tenho sonhado muito.
E quando acordo,
A solidão me corta.

~~~

Esfarrapado... Esfarrapado...
Esfarrapado nesta vida.

Comida?
Apanho à beira da estrada.
Arbustos e mato
Há muito invadiram a minha cabana.
Com frequência, eu e a lua
Sentamos juntos à noite.
Mais de uma vez,
Eu me perdi entre as flores
E esqueci de voltar pra casa.

Não é surpresa que eu tenha abandonado
A vida comunitária.
Como poderia um monge louco desses
Viver num templo?

~~~

O que é essa vida que eu levo?
Peregrinando, confio meu corpo ao destino.

Às vezes risadas; às vezes lágrimas.
Não sou nem leigo, nem monge;
Um recluso.

~~~

A beleza extravagante desse mundo não me atrai.
Meus melhores amigos são montanhas e rios.
Nuvens engolem a minha sombra enquanto caminho.
Quando sento num penhasco, pássaros me sobrevoam lá do alto.
Vestindo sandálias de palha pra neve, visito vilas frias.
Vá tão fundo quanto puder na vida
E você será capaz de abandonar até as flores.

~~~

Tempos atrás, fui vizinho de uma linda jovem.
Ela colhia amoras num bosque distante
E voltava pra casa com os seus braços branquinhos
Cobertos por mil presentes de ouro e de prata.
Ela cantava com voz de arrancar corações
E cintilava de vida.
Jovens fazendeiros abandonavam enxadas quando a viam
E muitos se esqueciam de voltar pra casa quando ela estava por perto.
Agora, ela é uma vovozinha de cabelos brancos,
Atormentada por dores e incômodos da velhice.

~~~

Forma, cor, nome e desejo
São coisas desse mundo passageiro
E deveriam ser abandonadas.

~~~

Que pena: um senhor em confortável aposentadoria,
Compondo poesia.
Ele baseia seu trabalho nos clássicos da China
E seus poemas têm muita elegância,
Tão cheios de frases pomposas!
Mas se você não escreve sobre as coisas íntimas do seu coração,
De que serve cuspir tantas palavras?

~~~

Bons amigos e grandes mestres;
Mantenha-se perto deles.
Poder e riqueza são sonhos que se desintegram,
Mas palavras sábias perfumam o mundo por várias eras.

~~~

Minha cabana fica no meio de uma floresta densa.
A cada ano, as trepadeiras ficam mais longas.
Dos assuntos das pessoas, não tenho notícia;
Além do cantarolar ocasional
De algum lenhador.

O sol brilha e costuro remendos na roupa.
Quando a lua aparece, leio poemas budistas.
Nada a declarar, queridos amigos.

Se vocês querem descobrir a verdade, parem de perseguir tantas coisas.

~~~

Se a sua fala é uma ilusão, tudo se transforma em ilusão.
Se a sua fala é realidade, tudo se transforma em realidade.
Fora da realidade, não há ilusões.
Fora das ilusões, não existe uma realidade especial.
Seguidores do Caminho de Buda:
Por que tão afoitos, buscando a realidade em lugares distantes?
Procure pela ilusão e pela realidade dentro dos seus próprios corações!

~~~

Mais uma vez, pessoas gananciosas aparecem;
Pouco diferentes dos bichos-da-seda em seus casulos.
Riqueza e acumular é tudo que essas pessoas amam!
Nunca dão um minuto de descanso aos próprios corpos e mentes.
A cada ano, sua natureza deteriora,
Enquanto as suas ambições aumentam.

Qualquer hora dessas, chega a morte;
Antes que possam gastar ao menos metade do que possuem.
Outros, alegremente, receberão a herança
E o nome da pessoa falecida é logo perdido no esquecimento.

Para tais pessoas, nada além de grande pena.

~~~

Quantos anos se passaram
Desde que cheguei a este eremitério?
Se estou cansado, estico os pés.
Quando me sinto bem, saio para caminhar nas montanhas.
Indiferente ao deboche ou admiração das pessoas mundanas, sigo meu destino.
Por este corpo que recebi dos meus pais,
Tenho apenas agradecimentos.

~~~

As nuvens se foram e o céu está limpo.
Mendigar por comida com um coração puro
É de fato uma benção do paraíso.

~~~

Subo a montanha até o Templo da Grande Compaixão
E admiro o oceano de nuvens e a neblina.
Árvores ancestrais se esticam em direção ao céu.
Uma brisa fresca sussurra sobre dez mil gerações.
Abaixo, a Fonte do Rei Dragão;
Tão pura que você pode enxergar até lá onde a água brota!
Quando alguém passa, eu grito:
Ei, venha ver-se refletido na água!

~~~

Perto de um templo à deusa Kannon,

Fiz morada provisória.
Sozinho e, ainda assim, amigo íntimo de mil verdes poemas
Gravados na folhagem que me rodeia.
Às vezes, de manhã, visto minha túnica
E desço à vila para mendigar comida.

~~~

Mesmo que uma pessoa viva por cem anos,
Sua vida é como uma alga que flutua
Zanzando ao sabor das ondas;
Sempre carregada de um lado pro outro,
Sem um minuto de descanso.

Shakyamuni renunciou à realeza e dedicou a própria vida
Para evitar que outros fossem levados à ruína.
Oitenta anos na terra;
Cinquenta anos divulgando o Caminho
E nos presenteando com os sutras –
O legado eterno.
Ainda hoje,
Permanece a ponte a ser cruzada
Para chegar à outra margem.

~~~

Na minha cabana, com um volume de poemas de Montanha Fria.
É melhor do que qualquer sutra!
Eu copio seus versos e os exponho por todas as partes,
Saboreando cada um deles,
De novo e outra vez.

Estação Montanha Fria

Cozinhe areia pro jantar.
Depois de ficar com sede, vá cavar um poço.
Tente polir um tijolo.
Dê o melhor de si.
Nem assim, vai se criar um espelho.
O Buda disse que somos basicamente iguais;
Compartilhamos a mesma natureza verdadeira.
Descubra por conta própria.
Pare de se contorcer inutilmente.

ᴀ ᴀ̊ᴀ

O mundo está cheio de gente tão ocupada,
Muito bem versada em vários pontos de vista;
Cegos quanto à sua verdadeira natureza,
Eles se afastam do Caminho.

Se eles pudessem enxergar o que é real,
Não perseguiriam sonhos vazios.
Um único instante responde às suas preces,
Revelando a visão de um buda.

ᴀ ᴀ̊ᴀ

Eu me retirei para o fim de uma floresta
E escolhi a vida de um fazendeiro.
Reto em minhas ações.
Sem vaidade na fala.
Eu prefiro a jade bruta.
Você pode ficar com as suas joias.
Eu nunca poderia me juntar ao bando
De patos emergindo das ondas.

ᴀ ᴀ̊ᴀ

Em altos penhascos, eu vivo sozinho.
Nuvens contorcidas, sempre se contorcendo.
Entra pouca luz, dentro da minha cabana,
Mas minha mente brilha sem impedimentos.
Eu atravessei um portão dourado num sonho.
Quando cruzei uma barreira de pedra,
Meu coração voltou para casa.
Deixei para trás o que me pesava.

꩜

Meus pergaminhos,
Cobertos com os poemas de imortais.
Minha caneca,
Transbordando o vinho dos sábios.
Trabalhando ao ar livre,
Adoro observar bezerros.
Em casa, não me excedo.
Quando o orvalho frio ensopa meu beiral de palha
E a luz da lua ilumina o peitoril improvisado,
Eu bebo algumas canecas
E cantarolo um ou outro verso.

꩜

Neste barco de madeira apodrecida,
Colhendo os frutos da árvore dos desejos,
Aqui estamos, em alto mar.
Aqui, as ondas nunca param.
A praia fica a um bilhão de quilômetros.
Qual é a causa do seu sofrimento?
Ah, que pena...
Ele vem da amargura.

꩜

Os ricos têm demasiadas preocupações;
Não podem simplesmente se aquietar.
Seus grãos podem estar apodrecendo
E nem assim eles emprestariam um pouco.
Seus pensamentos são maliciosos.
Seus dedos ávidos se enfiando em tudo,
Como se procurassem pela melhor seda.
Quando seu último dia chegar,
Todas as carpideiras serão moscas.

🔺 🔺🔺

Zhuangzi recomendou para o seu funeral:
"Deixem que o Céu e a Terra sejam o meu caixão!"
Quando a minha hora chegar,
Tudo que preciso é de uma mortalha.
Deixem que meu corpo alimente as moscas.
Não se importem com carpideiras.
Eu preferiria passar fome na Montanha Shouyang.
Para os que vivem honestamente,
A morte também está bem.

🔺 🔺🔺

As pessoas que vejo nesse mundo,
Caminham confusas na poeira da estrada.
Elas não sabem onde estão,
Ou como encontrar o ponto certo para cruzar o rio.
Seu desabrochar dura quantos dias?
Seus amores não duram muito.
Mesmo que eu tivesse uma tonelada de ouro,
Preferiria ser pobre na floresta.

🔺 🔺🔺

Feijões pintados não são para mim.
A floresta é minha casa.
Uma vida inteira passa de repente.
Não pense que seus problemas podem esperar.
Aqueles que não constroem uma balsa para atravessar,
São afogados enquanto colhem flores.
Se você não plantar boas raízes agora,
Nunca verá um botão.

⁂

Alguém gritou:
Senhor Montanha Fria!
Os seus versos não fazem sentido!
Eu disse:
Pros antigos,
Pobreza não era desgraça.
Ele riu e disse:
A sua argumentação é pobre!
E eu, ora, meu senhor, continue como está;
Com dinheiro sua preocupação.

⁂

Muitas pessoas riem dos meus poemas,
Mas meus poemas possuem
Autossuficiente elegância.
Eles não precisam dos comentários de Cheng Hsuan,
Muito menos das explicações de Mao Heng.
Eu não me importo que poucos compreendam.
São raros até os que conhecem a própria voz.
Se não tivéssemos notas e escalas preestabelecidas,

Minha anomalia certamente seria apreciada.
Um dia, vou encontrar alguém que tenha olhos
E os meus poemas vão empestear o mundo.

⁂

Eu alcancei a Montanha Fria e todas complicações acabaram.
Nenhum pensamento pernicioso permaneceu em minha mente.
Sem nada pra fazer, escrevo poemas nas pedras.
E confio na correnteza como um barco à deriva.

⁂

Geralmente vivo recluso,
Mas às vezes visito Kuoching.
Vou me encontrar com o venerável Feng-kan,
Ou conversar com o mestre Shih-te.
Volto para o Penhasco Frio sozinho;
Observando um acordo não-dito.
Eu sigo um córrego que não tem nascente.
A nascente secou, mas o córrego não.

⁂

Quando reclusos abandonam a sociedade,
A maioria foge para as montanhas.
Aqui, videiras verdes velam as ladeiras;
Córregos de jade ecoam inquebráveis.
Aqui, reina a felicidade
E a satisfação é duradoura.
Aqui, puras mentes, lótus brancas,
Não são manchadas pelo mundo enlameado.

⁂

Para os cem anos de vida humana,
O Buda pregou os Doze Cânones;
Mas compaixão é um veado selvagem.
A raiva é como o cachorro da família.
Você não consegue se livrar do cachorro.
O veado sai correndo.
Para adestrar a sua mente de macaco,
Ouça o rugir de um leão.

ᴀ ᴀ̊ᴀ

Se você é quieto e nunca fala,
O que lega à posteridade?
Se você se esconde em bosques e pântanos,
Como a sua sabedoria poderia se revelar?
Definhar não é saudável.
Vento e geada trazem doenças prematuras.
Um boi de barro, arando um campo de pedra,
Nunca vai conhecer colheita.

ᴀ ᴀ̊ᴀ

As Montanhas Tientai são a minha casa.
Trilhas encobertas de neblina mantêm os visitantes afastados.
Penhascos de mil metros facilitam esconderijos.

Sobre uma ponta rochosa,
Entre dez mil córregos,
Com um chapéu de casca de árvore
E tamancos de madeira,
Eu caminho pelas margens.
Com uma túnica de cânhamo
E um cajado de ramo seco,
Faço romaria nos picos.

Depois que você enxerga através da transitoriedade e da ilusão,
Os prazeres de perambular livremente são de fato admiráveis.

⁂

A Montanha Fria tem várias maravilhas.
Todos os escaladores se amedrontam.
A água tremula à luz da lua.
As plantas se agitam ao sabor do vento.
Ameixeiras murchas, com flores de neve.
Das plantas subaquáticas, brotam folhas de nuvens.
Tocados pela chuva, todos revivem.
A menos que isso esteja claro, você não pode atravessar.

⁂

O céu é infinitamente alto.
A Terra é imensuravelmente profunda.
Entre os dois, criaturas vivas;
À mercê desses poderes.
Batendo-se por roupa e por comida.
Planejando comer uns aos outros.
Ainda ignorantes sobre causa e efeito.
Cegos, discutindo a cor do leite.

⁂

Eu tenho uma caverna.
Uma caverna sem nada lá dentro;
Espaçosa e livre de poeira.
Ela é cheia de luz que sempre brilha.
A refeição feita de plantas alimenta um corpo frágil.

A túnica remendada encobre uma miragem.
Podem trazer seus mil sábios!
Eu tenho o buda primordial.

ᴀ ᴀᴀ

Montanha Fria é uma casa
Sem pilares, nem paredes.
Seis portas abertas por toda parte.
A sala é o céu azul;
Os quartos todos vazios.
O muro pro leste encosta no muro pro oeste
E no meio: nada.

ᴀ ᴀᴀ

Todos que encontram Montanha Fria
Repetem que ele é maluco.
O seu rosto não merece uma olhada.
O seu corpo vai coberto por trapos.
Eles não entendem as minhas palavras.
As palavras deles, não vou repetir.
Isto é para os que virão:
Venham visitar Montanha Fria!

ᴀ ᴀᴀ

Desgaste sua mente por lucro e fama.
Ganância obsessiva de aprimorar o corpo.
O ilusório tremular passageiro de um toco de vela,
Enterrado numa cova,
Ainda existe?

ᴀ ᴀᴀ

Montanha Fria deixa essas palavras;
Estas palavras nas quais ninguém acredita.

Mel desce com facilidade.
Chá de boldo é difícil de engolir.
Concordância deixa as pessoas felizes;
Oposição as deixa muito tristes.
Tudo que eu vejo são fantoches,
Ensaiando uma nova tragédia.

※ ※※

Eles riem de mim:
Ei, caipira!
Passe um pó nesse rosto.
Seu chapéu não está alto o bastante.
O seu cinto está alto demais.

Não é que eu desconheça as tendências.
Sendo pobre, não se pode acompanhar.

Um dia serei rico
E vou vestir uma auréola
Na cabeça.

※ ※※

Entre altos penhascos,
Há bastante brisa.
Ninguém precisa de um leque.
O vento frio atravessa,
Iluminado pela lua.
Cercado por nuvens,
Eu me sento sozinho;
Um velho de cabelos brancos.

※ ※※

Sentado sozinho em tristeza cortante.
Oprimido por pensamentos e emoções sem

fim.
    Nuvens abraçam a cintura da montanha.
    O vento geme na boca do vale.
    Macacos atravessam, balançando as árvores.
    Um pássaro salta de galho em galho, com um choro estridente.
    As estações se revezam e meu cabelo cinza desgrenhado.
    O fim de ano me encontra velho e desolado.

⁂

Já não vemos o orvalho dessa manhã;
Evaporado à luz do sol que sobe.
O corpo humano é bem assim.
Essa montanha é só um abrigo temporário.
Não persiga obcecado o despertar.
Deixe que os Três Venenos escorram.
A iluminação é um fardo.
Deixe que tudo se vá,
Até que não sobre mais nada.

⁂

Gosto do isolamento no penhasco frio.
Ninguém viaja por aqui.
Um grande pico atravessa as nuvens.
Um mico solitário grita na serra.
O que poderia ser mais agradável?
Com o coração satisfeito, aproveito a velhice.
As estações transformam a minha aparência.
A pérola em minha mente não sofre ameaça.

⁂

Nessa vila há uma casa.
Uma casa sem dono.

Tudo coberto de grama.
Surgem as gotas de orvalho.
O vento carrega uma nuvem;
Escura e pesada de chuva.
Revire essa casa e encontre seu ocupante:
Uma pérola escondida nos trapos.

ᴀ ᴀ̊ᴀ

Falar de comida não alimenta.
Falar de fogueira não aquece.
É comer que vai te alimentar.
É o fogo que pode te aquecer.
Pessoas que não têm bom senso,
Repetem que é difícil encontrar um buda.
Olhe dentro da sua própria mente;
Olha o Buda lá!
Não vá procurá-lo do lado de fora.

ᴀ ᴀ̊ᴀ

Quando a água faísca de tão cristalina,
Você pode ver o fundo sem dificuldade.
Quando sua mente não tem um objetivo,
Nenhuma circunstância pode distraí-lo.
Quando a mente para de perseguir ilusões,
Mesmo num kalpa não há mudanças.
Se você puder manter essa atenção,
De tal atenção nada se esconde.

ᴀ ᴀ̊ᴀ

O sofrimento da Roda é implacável.
De um lado pro outro, poeira levanta.
A patrulha formiga em sua ronda sem fim.
São seis caminhos de confusão.
Trocar de cabeça; mudar de rosto –

Não vai te libertar de si mesmo.
Dê um fim a esse inferno de escuridão.
Não crie sombras na mente.

༄ ༄༄

Eu sento no topo de uma pedra.
O córrego frio como gelo.
Prazeres calmos têm um charme especial.
Penhascos descobertos pelo nevoeiro me encantam.
Esse lugar é muito relaxante.
O sol cai e as sombras se alastram.
Eu observo o chão da minha própria mente
E uma lótus surge da lama.

101^{101} koans

Um amigo perguntou se eu conheço "todos os 101 koans do zen" e, de fato, pelo menos um vídeo em inglês na Internet promete "todos os 101 koans do zen" – enquanto a verdade é que há um número indeterminado de koans. Só o mestre Dogen, no século XIII, reuniu e comentou uma coleção de 300.

A confusão provavelmente se relaciona com uma coleção popular de koans, intitulada "101 histórias zen" – mas esse número não representa "todos os koans do zen"; é apenas o número de casos compilados naquela obra.

Um koan é algo que um mestre oferece ao aluno para refletir e meditar. Dependendo da avaliação que o mestre faz do aluno, do bloqueio particular do aluno e por aí vai, o mestre escolherá um caso pertinente – que pode partir de qualquer lugar.

Qualquer coisa pode ser um koan. Não existe uma "Superintendência do Koan", controlando e contando quantos são. Prometer "todos os 101 koans do zen" é como prometer "todos os 101 problemas de raciocínio lógico", ou "todas as 101 metáforas cristãs".

Às vezes, os mestres simplesmente usam um trecho dos sutras, ou a declaração de alguém. Eis aqui um exemplo da antiguidade:

Caso principal [como seria apresentado ao aluno]:

O Sutra da Guirlanda de Flores diz:

"Agora eu percebo que todos os seres sencientes, por toda parte, possuem completas a sabedoria e a virtude dos iluminados. É por causa de conceitos equivocados e do apego que eles não as experimentam."

Comentário do compilador [provavelmente, para compartilhar sua coleção com outros mestres; pensando naqueles que não têm um mestre; ou às vezes registradas pelos discípulos, nos discursos do mestre à assembleia, que se reunia sazonalmente no mosteiro para ouvi-lo]:

Em seu comentário sobre o Sutra da Guirlanda de Flores, o venerável mestre Zhenguan, de Qingliang, chama esse trecho de "desvendando a natureza espontânea".

Como isso é desvendado? Todos os seres sencientes, por toda parte, possuem completas a sabedoria e a virtude dos iluminados. É por causa de conceitos equivocados e do apego que eles não as experimentam. Assim, é quando abandonamos o apego e os conceitos equivocados, que o conhecimento espontâneo e a sabedoria desimpedida podem se manifestar.

Uma única partícula contém um universo inteiro. Um trecho prévio do Sutra da Guirlanda de Flores diz: "O corpo único é relevado na miríade de formas," mencionando que "transcender o pensamento e conhecer Buda é desfazer uma partícula para desdobrar um universo." Esse é exatamente o tema desse sutra. Ele também diz:

"Buda contemplou todos os seres do cosmo, com seu olho cristalino da sabedoria e disse: 'Que maravilha! Então todos esses seres possuem a sabedoria dos iluminados, mas em sua tolice, iludidos, eles não percebem? Eu devia ensiná-los a forma certa de abandonar a ilusão e o apego para sempre, de forma que eles possam perceber a vasta sabedoria dos iluminados, dentro de seus próprios corpos – tornando-se idênticos aos budas."

Zhenguan, em seu brilhante comentário, diz:

"Seres sencientes possuem as virtudes naturais como substância e o oceano de sabedoria como procedência – mas suas formas mudam, seus corpos diferem, sentimentos surgem e a sabedoria é bloqueada. É buscando ajudar a desvendar essa sabedoria espontânea da mente e a união com a Origem que eu escrevo este comentário, com exemplos e notas."

Mais à frente, ele elabora:

"Isso que eu disse inclui uma explicação sobre a origem da ilusão dos seres, a respeito da realidade: é como alguém de aparência virtuosa e saudável, que sofre se imaginando miserável e doente num pesadelo. Isso corresponde a 'suas formas mudam'. No pesadelo, essa pessoa não é capaz de enxergar o seu corpo original. Isso corresponde a 'seus corpos diferem'. Ela acredita que o sonho é seu próprio corpo. Isso corresponde a 'sentimentos surgem'. Ela não acredita que seu verdadeiro corpo é saudável e abençoado. Isso corresponde à 'sabedoria bloqueada'."

Um monge perguntou a Baoci:

"Quando surgem sentimentos, a sabedoria é bloqueada; quando as formas mudam, os corpos diferem – mas antes que sentimentos tenham surgido, como é?"

Baoci disse:

"Bloqueado!"

Ninguém pode afirmar exatamente de onde essas palavras partiram. Algumas pessoas interpretam as "formas" desse trecho como "pensamentos" e alcançam a compreensão nesses termos.

Um estudante deve conhecer a crítica que Yangshan (Kyozan) fez para Xiangyan (Kyogen) [que, nesse ponto de sua vida, devia ser iluminado, mas não instruído]:

"Eu concedo que você conhece o zen dos budas, mas você ainda nem sonhou com o zen dos professores milenares!"

Então me diga, qual é a distância entre esses dois?

Versos:

O urso dá uma cambalhota.
O macaco faz uma dancinha.
Conceitos equivocados e apego
Também não são ruins.

O zen dos professores milenares

Nesse caso, o mestre apresenta duas citações que se complementam.
No comentário, (onde o mestre ilustra a questão e às vezes aborda alguns pontos adicionais) percebemos que esse koan foi utilizado e registrado como porta de entrada para a "Terceira Verdade" (do não-dualismo entre sagrado e mundano); direcionado a algum aluno em quem o mestre julgava poder despertar uma "Grande Dúvida" com essas palavras:

Caso:

O mestre Daiji Kanchu disse à assembleia:
"Falar sobre dez metros não é tão bom quanto praticar um passo. Falar sobre um passo não é tão bom quanto praticar um centímetro."
Em outra ocasião, Tozan disse:
"Fale o que não pode ser praticado. Pratique o que não pode ser dito."

Comentário:

É preciso compreender claramente que falar sobre dez metros não é errado – acontece apenas que praticar um passo é muito mais importante do que falar sobre dez metros.
No entanto, nenhuma dessas atividades carece de virtude. Em ambas, encontramos completo o Caminho. Por isso, entendemos que o significado das palavras de Tozan – "falar o que não pode ser praticado e praticar o que não pode ser dito" – é

que a prática e a fala se mesclam de cima a baixo.

Separar atividade e expressão é ilusório. Um dia inteiro falando equivale a um dia inteiro praticando. Um dia inteiro praticando é um dia inteiro discursando.

Versos:

Praticar sem compreender
É como abrir os olhos no escuro.
Compreender sem praticar
É como fechar os olhos num dia claro.

Fome e sede

Seppo disse:
"Muita gente senta ao lado de um balde de arroz e sofre com a fome. Muita gente senta perto do rio e sofre com a sede."
Gensha disse:
"Muita gente enfia a cabeça dentro do balde de arroz e morre de fome. Muita gente enfia a cabeça dentro do rio e morre de sede."
Unmon disse:
"Através do corpo inteiro é arroz. Através do corpo inteiro é água."

Comentário:

Se você pode enxergar com clareza, então você sabe como usar a estrada livremente – como um pássaro voando, ou um peixe na água.
Se você não pode enxergar com clareza, a estrada se sobrepõe e você é como um pássaro na gaiola, ou um peixe num balde.
Às vezes, uma declaração zen é como um leão de tocaia. Às vezes, uma declaração é como uma canoa que acompanha as ondas. Às vezes, é como uma espada de diamante que corta as línguas de todas as pessoas do mundo.
Quando mestres se encontram, eles percebem o que é apropriado. Eles podem separar o certo e o errado. Juntos, eles testemunham a clareza uns dos outros.

Versos:

Nascidos da mesma forma,
Eles conhecem bem a despensa da casa.
Morrendo de formas diferentes,
Cada um segue o seu próprio caminho.
Onde encontrá-los?
Olha! Olha!

É só isso

Em sua juventude, Tozan foi discípulo do mestre Ungan por alguns anos.
Antes de abandonar a companhia do mestre, para se dedicar à tradicional peregrinação em busca de aprofundamento, Tozan perguntou a Ungan:
"No futuro, quando me perguntarem qual é a essência do seu ensinamento, o que devo dizer?"
Ungan ficou em silêncio. Em seguida, ele concluiu:
"É só isso."
Tozan demonstrou perplexidade e o mestre advertiu:
"Se você pretende alcançar a Sabedoria Suprema, é preciso seguir direto em frente e até o fim!"
Tozan foi embora sem entender.
Mais tarde, atravessando um rio, ele enxergou o próprio reflexo na água e iluminou-se completamente. Eis o tokinoge (versos para expressar o momento de iluminação) que ele escreveu:

Só não procure por ela nos outros,
Ou você vai se afastar de si mesmo.
Agora, eu sigo sozinho
E por toda parte a encontro.
Agora, ela sou eu.
Agora, eu não sou ela.
É preciso entender isso
Para misturar-se ao que simplesmente está.

Cerimônia fúnebre

Eventualmente, Tozan acabaria se estabelecendo no mosteiro do mestre Nansen, onde ele mesmo seria reconhecido como um grande mestre.
Quando Ungan morreu, Tozan preparou uma cerimônia fúnebre em homenagem ao seu antigo professor e fez oferendas para sua imagem. Um monge perguntou:
"Qual foi o tipo de instrução que você recebeu de seu antigo professor?"
Tozan disse:
"Ainda que eu tenha acompanhado meu antigo professor por alguns anos, ele não me ofereceu nenhum tipo especial de orientação."
O monge insistiu:
"Mas se você foi reconhecido no mosteiro de Nansen, então por que a cerimônia por Ungan?"
Tozan disse:
"Eu não tenho admiração especial pelas virtudes, ou teorias do meu primeiro mestre; mas sou profundamente grato pelo fato dele não ter me explicado tudo."
Nessa hora, Tozan narrou para o monge o episódio em que Ungan dissera: "É só isso."
O monge perguntou:
"E o que significa isso?"
Tozan disse:
"Naquela época, eu não fui capaz de compreender."
"E agora, você concorda com ele, ou não?"
"Eu concordo um pouco e discordo um pouco."
"Mas por que você não concorda completamente?"

Tozan disse:

"Se eu concordasse completamente com meu primeiro professor, eu estaria traindo o seu ensinamento."

Travessia Escorrendo Caquis

Uma das estações do zen é a completa maravilha; uma experiência deliciosa que envolve êxtase, comunhão, liberdade, compaixão e um monte de coisa junta que a gente só pode sugerir de longe, com as palavras. Os mestres insistem que você não deve se apegar a isso.

Uma metáfora muito divertida e esclarecedora vem de uma obra considerada um dos Quatro Grandes Romances da literatura chinesa – o livro "Jornada para o Oeste", atribuído a Wu Cheng'en (na verdade, o livro é uma construção coletiva, como o Zhuangzi).

O enredo – uma metáfora brilhante e divertidíssima sobre o Caminho Supremo – superficialmente conta a história do monge Tang Sanzang, que parte da China para buscar os sutras budistas na Índia. Ao longo dessa imensa jornada, o monge e seus companheiros (demônios subjugados pelo Buda para ajudá-lo, incluindo o popular rei macaco Sun Wukong, que inspirou personagens como Goku, de Dragon Ball e Monkey D. Luffy, de One Piece) deparam-se com situações que ilustram a jornada mística até a iluminação perfeita.

Ainda parece útil esclarecer mais um ponto, para que parte fundamental do trecho a seguir não seja ignorada. É preciso conhecer algumas metáforas convencionais, envolvendo os pontos cardeais.

Nesses textos influenciados pelo budismo, já deve ter se destacado (como no próprio título do livro que discutimos) que o "oeste" geralmente representa a Índia e o budismo, enquanto o "leste" comumente se refere à China, ao Japão ou a quem recebe o "vento do Oeste".

Norte e sul também têm metáforas recorrentes. Para evitar confusões futuras (embora esse não seja o significado de "sul" no trecho a seguir), vale mencionar que o imperador chinês sentava de frente pro sul. Assim, quando textos asiáticos mencionam que alguém encarava o sul, geralmente há uma relação com isso.

Aqui, o sentido de "sul" que nos interessa pode ser esclarecido em Zhuangzi, onde o "sul" também é usado como "coordenada" da inteligência instrumento-racional, enquanto o "norte" se afasta disso e "para além do norte" quer dizer "para além da compreensão linguística". Tenha em mente que, no texto a seguir, ventos eventualmente vão soprar desde o oeste, ou do sul.

Acontece lá pelo final do livro. Depois de se enganarem várias vezes – acreditando que já haviam chegado ao final da jornada, apenas para descobrir que ainda faltava muito – a trupe do monge Tang chega a um lugar maravilhoso e, de novo, se convencem que ali era o fim da viagem.

Eles percebem um ancião que se aproxima e decidem interrogá-lo. O velho diz:

"Monge, você acha que já está no Oeste, mas a verdade é que você nunca vai chegar lá. Esse aqui é o Paraíso Inferior do Oeste e, para alcançar o Grande Paraíso do Oeste, ainda falta muito... Nem vale a pena mencionar todas as dificuldades da jornada; apenas conseguir sair daqui já é difícil."

O monge diz:

"Mas qual é exatamente a dificuldade? Aqui

parece tudo tão tranquilo..."

O velho juntou as mãos e olhou para o céu, como se conversasse com uma pessoa completamente sem esperanças, e explicou:

"Doze léguas daqui, fica a Travessia Escorrendo Caquis ou, como dizem, a Montanha das Sete Perfeições."

"Sete Perfeições?" – o monge repetiu intrigado.

O velho continuou:

"A área cobre 250 léguas e é completamente coberta por caquizeiros. Desde a antiguidade, dizem que os caquizeiros possuem sete perfeições. Um: eles prolongam a vida. Dois: eles criam ótimas sombras. Três: os pássaros não fazem ninhos nessas árvores. Quatro: as árvores também são livres de insetos. Cinco: as suas folhas são lindas, principalmente depois da geada [da "água que virou gelo"]. Seis: os frutos são doces e deliciosos. Sete: os galhos e folhas são grossos e resistentes. É por isso que a montanha tem o nome de Sete Perfeições."

O monge estava confuso:

"Esse lugar parece ótimo! Depois de tudo que passamos para chegar aqui, não imagino dificuldades em atravessar tal paraíso."

O ancião riu muito disso e concluiu:

"Essa área é imensa e muito pouco povoada. A cada ano, chega a estação em que os caquis amadurecem e se derramam sobre a montanha. Eles escorrem pelas trilhas e preenchem as frestas nas pedras e cobrem tudo. A chuva, o orvalho e a neve agem sobre os frutos, que se deterioram e apodrecem ao longo de todo o verão, até que a montanha inteira é uma massa uniforme de matéria putrefata. As pessoas daqui preferem chamar o lugar de Montanha Escorrendo Merda, ou Travessia Escorrendo Caquis. Quando o vento sopra do oeste, o cheiro é pior do que esvaziar fossa. É só porque tem um vento forte soprando do sul, agora, que você ainda não identificou esse cheiro."

Estação Wu Cheng'en

As muitas espécies
São fundamentalmente a mesma;
Tudo flui para um mesmo oceano sem fim.
Cada pensamento e cada preocupação
São inúteis;
Todas as formas e espécies
Se unificam.

Quando a conquista é completa,
A sabedoria é maravilhosa, brilhante e inesgotável.
Não permita que as diferenças te dividam.
Mantenha tudo bem juntinho.

Coloque tudo ao mesmo tempo,
Como ingredientes numa panela.
Refine esse elixir,
Até que ele fique como o ouro.

A partir desse ponto,
Usando o seu brilho e a sua beleza,
Você poderá cavalgar à vontade
Sobre as costas dos dragões.
c(..)o

Seis tipos de corpo.
Seis tipos de arma.
Seis formas físicas.
Seis sentimentos.

Os seis males se levantam
Dos seis sentidos e dos seis desejos.

Os seis portões do nirvana
E os seis caminhos da reencarnação
São esforço por vitória.

Nos trinta e seis palácios divinos,
A primavera chega sem esforço.
    c(..)o

Que pena!
Eles não se viam como pescadores,
Jogando a linha para apanhar problemas.
Eles eram como alguém que
Rouba o caixão dos outros na rua
E o leva pra casa,
Para chorar por cima.
    c(..)o

Uma árvore alta convida o vento,
E então o vento balança a árvore.
Quem cobiça pela fama,
Pela fama será destruído.
    c(..)o

É difícil evitar
Quem você encontra
Numa trilha estreita.
    c(..)o

Quando o tigre veio à cidade,
Em cada casa trancou-se a porta.
O tigre ainda não tinha mordido ninguém,
Mas a reputação dele não era boa.
    c(..)o

Um único pensamento
Acorda cem monstros de uma vez.
Os maiores esforços ficam inúteis
E resta apenas remover partículas de poeira;
Deixar tudo muito limpinho e bem polido.

Varra a sua casa das causas e efeitos!
Entre no nirvana;
Não perca tempo!
Destrua os mil demônios
E liberte-se dos bloqueios.
    c(..)o

A energia divina escorre de uma boca aberta.
Os problemas começam quando a língua mexe.
    c(..)o

Nem o cavalo mais veloz pode alcançar e recuperar uma palavra, depois que ela saiu da boca.
    c(..)o

Não deixe de fazer uma boa ação,
Só por ser pequena.
Não cometa uma má ação,
Só por ser pequena.
    c(..)o

Pode parecer inútil,
Mas até um peido fortalece o vento.
    c(..)o

Sem a glória da primavera,
Não haveria a morte no inverno.

As nuvens se desfazem
E a neblina desaparece;
Como se não existissem.
    c(..)o

Quando pensamentos se levantam,
Preferências aparecem.
O desejo inevitavelmente leva ao desastre.
Por que diferenciar graus de nobreza?
Quando a virtude é completa,
Tudo retorna ao Oceano Primitivo.
Se você vai se tornar um buda, ou um imortal,
Tudo deve ser arranjado por dentro.
    c(..)o

Nessa floresta,
Você pode passar seis meses
Sem saber se há sol, ou lua.
Você pode viajar por léguas,
Sem nunca ver uma estrela.

Quando o mirante dá pro norte,
A vista é sem limites.
Nas colinas ao sul,
Os arbustos se encheram de flores.
    c(..)o

Uma pessoa satisfeita
Nunca fala em grandes feitos.
Uma mente em paz
É mais forte do que os muros da cidade.
    c(..)o

Não tenho barraca no mercado das línguas.

Não há rastro meu no oceano das disputas.
c(..)o

Enquanto existirem os lagos e a luz da lua,
Certamente encontrarei onde encaixar
O meu anzol de ouro.
c(..)o

Facilite a vida de alguém,
Sempre que puder.
Se possível, seja misericordioso.
Preocupação é muito pior do que gentileza.
É melhor ser simples e passivo,
Do que disputar pela supremacia.
c(..)o

Não confie no mais correto dos corretos.
Cuidado com o humano desumano.
c(..)o

A imensidão do mar
Permite que os peixes pulem.
O vazio do céu
Permite que os pássaros voem.
c(..)o

Todas as formas da matéria,
Na verdade, são imateriais.
Não existe nenhum vazio,
Que seja de fato vazio.
Alarde e quietude,
Fala e silêncio
São iguais.

Por que falar sonâmbulo de sonhos?
Tudo que é útil depende do que é inútil.
É do seio do sucesso que o fracasso espreita.
Depois de amadurecer, naturalmente apodrece o fruto.
Quem é que sabe como a semente cresce?
c(..)o

Por toda parte, o esplendor era mais magnífico do que o de pérolas de jade; sem dever nada à formosura das finas telas de brocado, por trás das quais deita escondida a primavera.
c(..)o

A embarcação é minúscula
Em meio à imensidão das ondas sob a neblina.
Tranquilamente, eu me encosto à única vela.
Meus pensamentos e minha mente estão limpos.
Não possuo riqueza, nem fama.
Brinco com as algas na correnteza.
Contar gaivotas alegra a jornada.

Faço a curva do rio e, debaixo do salgueiro,
Minha esposa e meus filhos sorriem comigo.
Quando caio no sono,
O vento e as ondas se aquietam.
Sem glória, nem desgraça.
Nem uma única preocupação.

"Voltando para casa"
Shitao - China (1695)

Chiyono se molha do balde

A monja Chiyono – antes de receber o nome monástico "Mujaku Nyodai", pelo qual ficaria mais conhecida, como a primeira abadessa zen budista no Japão – praticou meditação por muitos anos, antes de colher seu fruto iluminado.

Sua realização se completou na noite em que ela carregava água num balde velho, cujo fundo rompeu sob o peso do líquido.

Sobre a ocasião, ela compôs o poema:

A coisa estava por um fio.
O quanto pude, tentei salvar o balde.
Então, finalmente, o fundo caiu!
Sem água no balde.
Sem lua na água.

Com bastante atenção

Como é curta e deplorável a vida de um ser humano. Mesmo cem anos de felicidade, quando passam, são apenas um sonho de primavera. Assim que a nossa respiração falha, abandonamos esse mundo. Somos humanos apenas enquanto os quatro elementos permanecem harmônicos.

Então o que é isso que tenho ouvido, sobre pessoas lutando orgulhosamente por fama e vantagem, dizendo-se "heróis" e "exemplos" por confrontarem outras pessoas?

Venha comigo; eu peço que você repare, com bastante atenção, no vento triste que sopra sobre a grama – ao redor do arbusto de sálvia, onde há esqueletos desenterrados.

Quem escapa à roda da vida e da morte?

    Até os maiores sábios da antiguidade
    Estão bem ali, debaixo das colinas verdes.
    Aquilo que nasceu,
    Eventualmente deve morrer.
    Tudo será transformado em poeira e cinza.

    Ossos que se empilham
    Tão alto quanto o Monte Vipula;
    Um oceano inteiro de lágrimas de despedida
    E tudo que resta são palavras vazias.

Orvalho

Você não viu o orvalho pela manhã?
Sob os raios cintilantes do sol,
Ele se dissipou sozinho e desapareceu.
A vida de um ser humano também é assim.

Despedida

É como a gota de orvalho:
Transparente e passageira.

Meus anos se foram.

Agora,
Trêmulo e frágil,
Eu evaporo.

De um mendigo andarilho

Minha vida
Pode parecer
Melancolia;
Mas se alguém vê
Um corpo
Andando
Na terra,
Eu já entreguei
Meu coração
Pro céu.

Um coelho branco

Tozan e seu amigo Mi caminhavam ociosamente, quando um coelho branco passou correndo perto deles. Mi fez uma expressão admirada e Tozan perguntou:
"O que foi?"
Mi explicou:
"É como se um plebeu virasse Primeiro Ministro!"
Tozan disse:
"Será possível que um ancião tão respeitável diga coisas assim?"
Mi perguntou:
"E como você diria, mestre?"
Tozan disse:
"Uma geração inteira da aristocracia, temporariamente atirada à pobreza."

Comentário:

Quando Tozan e seu bom amigo Mi, da Montanha Sagrada, estavam atravessando um córrego, Tozan disse:
"Como é quando chegamos à outra margem?"
Mi disse:
"A água nem vai molhar os seus pés!"
Nessa ocasião, Tozan o provocou com as mesmas palavras:
"Um ancião tão respeitável, dizendo essas coisas?"
"E como você diria, mestre?"
"Seus pés nem serão molhados pela água."

No Ensinamento, há dois portões – o espontâneo e o cultivado. Na escola de Tozan, isso é chamado de "usar a conquista para ilustrar o estado".

Geralmente, despertamos através do cultivo da meditação, de forma que chegamos à santidade a partir do ordinário. Isso é como se um plebeu fosse nomeado Primeiro Ministro.

Mas se você se iluminou primeiro e cultivou a meditação depois, você alcança o ordinário através da santidade.

A verdadeira nobreza é fundamentalmente nobre. Mesmo vagando entre as dez mil circunstâncias e transformações, a realidade fundamental permanece lá. Quando a família real se afunda em obscuridade e pobreza, ela se acostuma e fica natural.

As Cinco Patentes

Similar às séries de "10 etapas em busca do boi", outra metáfora muito popular na literatura zen budista – para expressar o Caminho até a descoberta de nossa natureza verdadeira – vem desse poema de Tozan:

1: Os muitos no Um

No coração da noite,
Com a lua encoberta,
Não é de se estranhar
Quando encontramos,
Sem reconhecer,
Um rosto familiar do passado.

2: O Um nos muitos

Uma velhota sonolenta
Encontra um espelho antigo.
O que ela enxerga é claramente o seu rosto;
Não existe uma "outra realidade".

Mas, que pena,
Ela não concilia
O reflexo
E a cabeça.

3: Abandonando o Um

No Vazio, existe uma estrada
Que leva além da poeira do mundo.

Mesmo sem abrir a boca,
Nem pra dizer o nome próprio do Rei,
Você vai dominar aquela eloquência
Que desde a antiguidade
Já calava todas as línguas.

4: Desvendando a Integração Mútua

Duas lâminas se cruzam;
Não se pode recuar.
Imensa destreza?
É uma flor de lótus no fogo.

Uma pessoa desse tipo
Tem o espírito espontaneamente elevado.

5: Alcançando União

É e não é;
Quem ousaria acompanhá-lo?

Todos querem abandonar
A mediocridade vulgar,
Mas, no final das contas,
Regressamos –
Para sentar entre os carvões e as cinzas.

Barbearia zen

Aos pés da montanha que abrigava o mosteiro de Seppo, um recluso construiu um eremitério para viver sozinho.

Por muitos anos, ele sequer cortou os cabelos e vivia de forma extremamente simples. Seu único utensílio era uma concha de madeira, com a qual ele colhia a água do córrego.

Em certa ocasião, enquanto ele pegava água dessa forma, um estudante do mosteiro se aproximou e perguntou:

"Qual é o significado do Patriarca vir da Índia?"

O velho ermitão disse:

"Onde o poço é fundo, o cabo das conchas é longo."

O estudante voltou para o mosteiro e narrou o caso para o mestre Seppo, que disse:

"Ainda que ele tenha dito a verdade, é preciso confirmar."

Seppo colheu uma navalha e foi visitar o ermitão, enquanto o estudante o acompanhava. Quando chegaram ao eremitério, Seppo sacou a navalha e disse:

"Se você conseguir dizer uma palavra sobre zen, eu não vou cortar o seu cabelo."

O velho ermitão lavou os cabelos no córrego e Seppo raspou a sua cabeça.

Comentário:

Os mestres competentes da nossa escola são especialistas em atravessar armaduras e escalar montanhas de espadas. Se você foge da espada e evita as barreiras, como seria possível experimentar o hoje?

A prisão e a liberdade residem totalmente em você. Se você quer se libertar dos constrangimentos e desprender-se das correntes, é preciso ultrapassar os sons e as formas, alcançando um lugar onde não há traços de atividade mental. É ali que a realidade das coisas se manifesta – perfeita e completa.

Versos:

O vento sopra e a grama cede.
Tentando perseguir, você se afasta.
Nada se pode fazer, a respeito da primavera:
Quando ela chega, ela existe.

Pensando na terra natal

Um monge visitou o mosteiro de Kyosan em busca de orientação e o mestre perguntou ao recém-chegado:
"De onde você veio?"
"De Yu."
Kyosan considerou o monge e disse:
"Você pensa muito em sua terra natal?"
O monge admitiu:
"Eu estou sempre pensando em minha terra natal."
O mestre explicou:
"Aquilo que pensa é a mente. Os pensamentos são a paisagem. Nos pensamentos, há montanhas, rios, plantas, casas, torres, aposentos, pessoas, animais e assim por diante. Volte o pensamento contra si mesmo, para pensar na mente pensante. E agora? Também existe esse monte de coisas por lá?"
O monge disse:
"Fazendo isso, eu não encontro nada lá."
Kyosan disse:
"É um bom começo."
O monge insistiu:
"Você tem algum outro método para me ensinar?"
O mestre concluiu:
"Dizer que eu tenho ou não tenho erraria o alvo. Com a sua compreensão atual, você já entrou na porta do mistério. Vista sua túnica de meditar, vá sentar e veja o resto por conta própria."

Comentário:

Suponha que o monge tivesse dito que nunca pensa na terra natal – certamente, Kyosan também teria uma abordagem forte nesse caso. No entanto, o monge disse que sempre pensava em sua terra natal e Kyosan sugeriu:

"O que pensa é a mente; o cenário é pensado. No cenário, existem milhares de diferenças, mas quantas diferenças existem na mente que pensa?"

No final das contas, aquele monge não estava morto. Ele disse:

"Fazendo isso, eu não encontro nada lá."

Hoje em dia, é difícil encontrar uma pessoa entre dez mil que possa alcançar esse estágio – quando conseguem, começam a apontar pra si mesmas e a carregar uma placa; sem perceber que se deleitar perdidamente na viagem, acaba nos impedindo de chegar em casa.

É um bom começo, mas diz o verso que, depois de passar muito tempo pastoreando no campo, a mão que aperta a corda aos poucos relaxa. A grama cheirosa da montanha, com o mesmo sabor, diariamente satisfaz a fome do rebanho.

Para além de um bom começo, há o mistério sutil: fina poeira que se levanta do oceano; flocos de neve flutuando numa enorme fornalha flamejante.

Não se pode observar, definir, ou entender – foge ao escopo da nossa atividade intelectual.

Eu digo que Kyosan não tem sequer "um bom começo" – porque a Realização é vazia.

O monge diz "você tem outro método para me ensinar?" – produzindo espinhos no barro mole.

"Dizer que eu tenho ou não tenho erraria o

alvo."

Dizer que ele possui um outro método, joga gelo sobre a neve; dizer que ele não possui, seria uma frase morta.

Por isso, ele apontou pro mistério, sugerindo que o outro conferisse por conta própria.

Nesse mosteiro, o vazio é o assento e as milhares de práticas são a túnica.

"Veja por conta própria!"

Mas, afinal de contas, ver o quê?

Versos:

Um e muitos
Não se impedem.

Enquanto houver uma trilha levando mais longe,
Também haverá uma pessoa digna de segui-la.

Espelhos de novo

A mente é a capacidade;
As manifestações são as formas.
Essas coisas não passam de imagens
Projetadas sobre um espelho.

Quando não há imagens,
A claridade do espelho pode ser percebida.
Quando a mente e suas manifestações são esquecidas,
Essa é a sua verdadeira natureza.

Explicando até passar vergonha

A armadilha é utensílio para apanhar coelhos.
Quando pegamos o coelho,
Esquecemos da armadilha.

Uma rede é utensílio para chegar aos peixes.
Quando conseguimos o peixe,
Esquecemos da rede.

Igualmente, palavras são armadilhas
Para apanhar conceitos.
Conceitos são redes
Para chegar aos fenômenos.

Quem se apega às palavras,
Não apanha os conceitos.
Quem se apega aos conceitos,
Não chega aos fenômenos.

Você ainda está esperando?

Explicações minuciosas
São fáceis de entender:
Elas entregam com uma mão só.

Explicações diretas
São difíceis de entender:
Elas se abrem em todas as direções.

Estejam prevenidos
Contra explicações minuciosas.

Quando a explicação é muito clara,
É mais difícil sair.

Quem amadurece, quer sair de casa

Tozan disse à assembleia:

"Quando os ensinamentos verbais dos budas e patriarcas se transformarem em inimigos, você conquistou um pouco de sucesso como estudante. Se você não conseguir ultrapassar os ensinamentos verbais, você será enganado por eles."

Um monge se ofendeu:

"Mas os budas e patriarcas tiveram intenção de enganar os outros?"

Tozan respondeu:

"Você mesmo pode me dizer: os rios e as montanhas têm a intenção de obstruir o caminho dos outros?"

Uma questão proposta pelo Buda

Alguém fica mais rico, por contar as joias de outra pessoa?

Cacos e bocados

Depois de abraçar uma causa ilusória, certamente chegaremos a um resultado ilusório.
Se você quer ficar íntimo, não se aproxime com uma pergunta. A resposta está na pergunta. A pergunta está na resposta.

Você quer abordar a verdade?
Eu admito que os mestres a conheçam;
Não admito que eles a compreendam.

Até enquanto você pensa "É assim!",
Já se transformou.
Por isso, evite falar sobre aquilo
Que a linguagem não alcança.

Deixe que as dez mil coisas
Expliquem-se por conta própria.

Não seja seduzido pela mentira;
Não se apegue às formas.
Não se empolgue com a antiguidade,
Nem seja perturbado pela novidade.
Não se aflija pelo que foi perdido,
Nem seja controlado pelo que deseja.

Despreocupadamente, dá-se passos largos.

Desimpedida e sem bloqueios,
A lua atravessa o céu.
Sem forma, ou intenção,
A primavera cobre tudo.

Pescando na Terra Pura,
A isca é feita de nuvens e o anzol é a lua.
É como atirar flechas contra o chão;
É impossível errar.

Um bom hóspede não tem companheiros questionáveis.

Assim que uma pergunta se levanta, você esquece das bênçãos que recebeu – abandona os seus próprios pais e vai morar com estranhos numa cabana espremida, escondida no interior de uma língua grande.

Usando um carimbo,
Você não pode marcá-lo no vento.
Se o carimbo carimba o espaço,
Não deixa marcas.

É como uma pessoa escrevendo no vento: assim que ela prepara o pincel, ela já está errada. Como o vento aceitaria um padrão? De que serve desenhá-lo?

O que se aprecia, no zen, é que uma pessoa não tenha quinas. Quando as coisas têm quinas, elas não podem mais rolar livremente.

É gente pobre que pensa em dívidas antigas.

Nas ações, é preferível ser indireto, para não violar o estado absoluto. Na fala, não tente explicar tudo, para não cair no mundano. Ao escrever, não deixe que a ponta do pincel seja revelada.

Navegando pelo vento do paraíso,
Um viajante perambula a imensidão.
É como um pássaro entre as nuvens;
Depois que ele passa, não ficam rastros.

Cada passo é a volta completa.
Antes do pé tocar o chão, você já chegou.
Antes que as palavras nasçam,
A verdade já foi explicada.

As quatro estações são lindas na primavera.
Tudo é bonito com vinho.

Na grama que ainda não brotou, esconde-se um elefante perfumado.

Um cachorro não é superior por ser bom em latir. Uma pessoa não é superior por ser boa em falar; ela está muito mais longe ainda de ser sábia.

Um elefante selvagem não deixa pegadas de macaco. Uma cobra viva não pode ser morta por palavras.

[O dragão japonês é um pouco diferente do dragão europeu. Não é simplesmente um lagarto com asas, que nasceu com asas... É um peixe, que lutou contra uma cachoeira imensa e, depois de vencê-la, continuou desafiando as alturas e ganhou o céu.]

De repente, explode o trovão num céu sem nuvens.
Na Barragem Tripla do Portão do Dragão,
As ondas são gigantescas. Veja!
Muitos admiráveis transformaram-se em dragões.
Siris e caranguejos desdenham, como antes.

Sem entrar no meio das ondas assustadoras, é difícil encontrar um peixe adequado.

Depois da neve, percebemos a resiliência do cedro e do pinheiro. Quando a tarefa é pesada, podemos reconhecer uma pessoa poderosa.

Acostumados a enfrentar adversários enormes, já entramos no campo de batalha sem medo.

Já diz um velho ditado: o dragão não pode voar sem nuvens.

Se alguém não suporta uma poeirinha nos olhos, essa pessoa é rigorosa demais.

Os dragões e os peixes não sabem que a água é a sua vida. Esses ensinamentos são expedientes provisórios de direcionamento. É como usar um pedaço de pau para agitar a água, facilitando que os dragões e os peixes percebam que a água é a sua vida.

Ouvindo os sons, desperte para o Caminho. Observando as formas, compreenda a mente.

Quem não sabe boiar, lamenta quando o rio é largo.

Escale até o topo de uma vara de 100 pés e, depois, suba mais um pouco.

Um pardal pousa numa coroa de ouro. Um rato morde uma esmeralda. Eles não sabem que são tesouros, nem conseguiriam usá-los. Será que algum de vocês já percebeu, de repente, a joia escondida nas próprias roupas?

Ostentando todas as modas mais sofisticadas, sem gastar nenhum dinheiro.

Depois de três canecas do melhor vinho, você ainda diz que não molhou o bico?

Até se você matar os seus próprios pais, você ainda pode se arrepender e melhorar. Mas se você rejeitar grande sabedoria, como é que vai se arrepender e melhorar?

A cigarra já se desprendeu da casca,
Mas ainda se agarra ao galho frio.

Se limitarmos o assunto às convenções atuais, mais tarde será difícil relacionar-se com as pessoas.

Se eu fosse explicar completamente o ensinamento do zen, isso criaria cipós e trepadeiras por todo o hall de meditação. Tudo que eu posso dizer é que o universo inteiro é o olho de um monge; o universo inteiro é o corpo completo de um monge; o universo inteiro é a luz da identidade; o universo inteiro está dentro da sua própria luz; no universo inteiro, não existe nada que não seja si mesmo; todos os budas de todas as eras, somados a todos os seres sencientes de todas as partes, representam a luz da grande sabedoria transcendental.

⁂

O paraíso transformado em corpo engloba a terra dentro dele. O sol, a lua e as estrelas pertencem a ele.

⁂

Sobrou apenas o delicioso vento, massageando os monges na assembleia. Acabaram as palavras inúteis, que bombardeavam a comunidade humana.

⁂

Quando a água brota e não flui, diz-se que são águas profundas. Quando a água flui e o fluir é longo, diz-se que é uma nascente.

Antes da antiguidade mais antiga, encontra-se a nascente profunda das dez mil eras; dez mil formas surgiram a partir dela.

"O Caminho dos Patriarcas Atravessa Milhares de Anos"
Yinyuan Longqi - Japão (sec. XVII)

Luz

Poucos atravessam o rio.
A maioria encalha de um lado.
À margem do rio,
Eles correm de lá pra cá.

Mas a pessoa sábia
Seguindo o Caminho
Atravessa;
Além do alcance da morte.

Livre da ambição,
Livre do acúmulo,
Livre de apegos e apetites,
Seguindo as Sete Luzes do Despertar;
Satisfazendo-se plenamente em sua liberdade.

Neste mundo,
A pessoa sábia se transforma;
Ela mesma vira luz –
Pura,
Brilhante,
Livre.

Li Po acorda bêbado e é primavera

Esse mundo é todo como um sonho infinito;
Nada, em parte alguma, nos preocupa.
Passei o dia bêbado
E cochilei na varanda.

De volta a mim, observo o jardim.
Um pássaro canta entre as flores.
Eu me pergunto em que estação estamos
E me responde,
Deitada no vento,
A voz de um sofrê:

É primavera.

Eu transbordando e escorrendo;
Quase à beira do lamento,
Sirvo mais um copo.

Em breve, admirando essa tarde brilhante,
Estou cantando um poema.
Agora ele acabou
E eu esqueci por quê.

[Grito]

Peregrinando em busca da verdade, Kyozan visitou o mestre Isan, que lhe perguntou:
"É verdade que, estudando com o mestre Hyakujo, você dava dez respostas diferentes pra cada pergunta?"
Kyozan disse:
"É claro que não!"
Isan disse:
"Então me diga uma palavra sobre ultrapassar o ensinamento."
Quando Kyozan abriu a boca para responder, Isan o interrompeu com um grito. Por três vezes, Isan fez a pergunta e por três vezes ele gritou, antes que o outro pudesse responder.
Kyosan abaixou a cabeça, com lágrimas escorrendo em suas bochechas. Ele disse:
"Meu antigo mestre havia me dito que, ao encontrar uma pessoa de verdade, eu poderia entender. Hoje, eu encontrei uma pessoa de verdade."
Depois disso, ele foi pastorear búfalos por três anos. Isan foi visitá-lo e encontrou Kyozan fazendo zazen debaixo de uma árvore. O mestre o cutucou com o seu cajado e disse:
"Você pode me dizer uma palavra?"
Kyozan respondeu:
"Ainda que eu não tenha palavra nenhuma, também não vou mais depender da boca dos outros."
Isan disse:
"Você atravessou."

Comentário:

O céu é mudo e, mesmo assim, toda a beleza e diversidade das quatro estações acontecem dentro dele.

A terra é cega, surda e burra, mas dez mil seres nascem a partir dela.

Num mundo em constante transformação, qual é o alcance dos padrões estabelecidos? Qual o sentido de buscar modelos da realidade em palavras, quando você pode experimentá-la diretamente?

Onde podemos encontrar, hoje em dia, um discípulo que tenha transcendido a linguagem?

É só depois de abandonar sentimentos pervertidos e construções intelectuais, que se pode ficar limpo e nu; livre e desimpedido. De outra forma, como você vai injetar energia nos outros?

Versos:

Os chifres da cabeça de um búfalo,
Surgem do meio do mato.
Enquanto sonha, ele quer falar
Sobre o mundo dos despertos.
Ainda que ele tenha se banhado
Em águas perfumadas,
Eu o chuto:
"Ainda falta muito!
Como você vai injetar energia nos outros?"

Com sobremesa e saideira

Um monge perguntou a Unmon:
"Como não desperdiçar o tempo?"
Unmon disse:
"Como é que você consegue se concentrar nessa pergunta?"
O monge disse:
"Eu não entendo, mestre. Por favor, me ajude!"
Unmon escreveu um poema e entregou para o monge:

Se você não prestar atenção,
Vai deixar passar.
Se você fica pensando nisso,
Quando vai perceber?

Comentário:

Esse monge procura Unmon em busca de migalhas e recebe uma refeição completa.
Colocando a mão no queixo pra meditar com os pensamentos; tentando compreender com a inteligência, você apenas se afasta da verdade. Se você não prestar atenção, com certeza vai deixar passar!
Tente explicar pra mim, mas sem intelectualidades – sem cair no poço da afirmação e da negação – como é que você entende "prestar atenção, sem pensamentos"?
Você ficou sabendo do ensinamento de Yakusan? Pense naquilo que está além do pensar.
Como é que se pensa no que existe além do

pensar? Através do não-pensamento.

O não-pensamento é muito mais que simplesmente "transcender o pensar e o não-pensar"; é reconhecer no pensar e não-pensar a sua própria vida.

O não-pensamento não tem objeto, não tem sujeito, não tem forma, não tem intenção e não tem metas – mas também não é um buraco sem energia, nem vida. É um samadhi de atividade magnífica que se autossatisfaz – é a vida dos budas e dos professores ancestrais; é a sua vida e a minha vida.

Deixar isso passar é deixar a própria vida passar.

Versos:

Como é que palavras inteligentes
Poderiam se comparar à Realidade?
Dentro das dez mil formas,
Um único corpo é revelado.

E epílogo e posfácio!

O mestre Dayang alcançou a iluminação quando tentou esclarecer um trecho das escrituras com Liangshan, perguntando:
"O que é o trono sem forma da iluminação?"
Liangshan apontou para um quadro na parede e disse:
"Essa pintura é de um daoista chamado Wu."
Dayang ia começar a dizer alguma coisa, quando Liangshan o agarrou, esfregou sua cara na pintura e disse:
"Isso tem forma! O que não tem forma?"
Foi nesse momento que Dayang obteve esclarecimento.
Liangshan disse:
"Por que você não diz uma palavra?"
Dayang disse:
"Não é que eu me recuse a dizer algumas palavras, mas receio que elas acabariam virando rabiscos de tinta em algum papel."
Liangshan aprovou a sua compreensão. [Eu aprovo a sua profecia.]

Comentário:

O ponto inicial do zen é o trono sem forma da iluminação; onde não existe dependência em relação a matéria ou pensamento. Palavras e ideias não podem alcançá-lo, mas ele certamente existe.
Liangshan levanta um espelho. Dayang se prepara pra construir labirintos onde se perder, mas o mestre o agarra e diz:
"Isso tem forma! O que não tem forma?"

Usando o que não tem uso, Liangshan ajuda Dayang a enxergar o próprio rosto – o rosto original que ele já tinha, antes que seus pais tivessem nascido.

Deixando isso tudo de lado: o que não tem forma e certamente existe? Além disso, o que não tem uso? Acima de tudo, qual era o rosto que você tinha, antes que seus pais tivessem nascido?

Não explique! Mostre!

Versos:

Refletindo milhares de formas,
Sua própria luz brilha permanente.
Revelada, a identidade continuamente encontra a si mesma.

Se você intelectualizar,
Vai se afastar por dez mil léguas.
Se você confundir com apatia,
Vai se transformar num morto respirando.

Versos de um outro texto, que também cabem bem aqui:

Proximidade tal que despedaça,
Quando é buscada naquilo que é externo.
Por que a intimidade mais profunda,
Parece um inimigo distante?
Desde o começo e até o final,
Seu rosto inteiro nunca teve cor, ou forma.

Sujando tudo de bosta e saindo correndo

A nossa atenção é tão incrível que, além de transitar pelos Seis Mundos, ou Seis Janelas, ou Seis Armadilhas do olfato, do paladar, das sensações táteis, da audição, da visão e do pensamento – determinando o que vai participar da experiência – mesmo que um grupo de pessoas esteja ocupado em observar uma mesma cena, pode-se enxergar a mesma coisa de várias formas diferentes.

Olhando para uma televisão, por exemplo, é possível mergulhar na "ilusão" das imagens passageiras e esquecer que olhamos para uma tela. Podemos vivenciar o que vemos de forma tão íntima, que nos sentimos "dentro" das imagens e não apenas observando "pontos coloridos que se transformam na superfície plana de um espelho negro".

Apesar da verdadeira natureza daquele espelho negro, ficamos com medo das imagens. Sofremos. Vibramos. Somos carregados num "flow". Isso não é necessariamente ruim, mas é uma ilusão.

Em certas situações, é preciso que a gente seja capaz de encontrar um ponto de referência, dentro da nossa própria sensibilidade, em que a gente possa confirmar por conta própria que aquilo não passa de ilusão. Sem essa capacidade, assistir televisão vira uma confusão malvada e sofrida.

Se você pretende ou precisa conhecer a realidade de uma televisão, ainda por cima, seria impossível realizar-se nisso perdido na trama de uma novela, enquanto fala pros outros e pra si mesmo que está "estudando" a televisão.

Felizmente, através de uma visão "meta" da

televisão, também é possível olhar para ela sem se importar com as imagens; enxergando-a como mera tela onde surgem formas indiferentes – como uma poça de água, ou um espelho refletindo imagens que não criam preferências.

Mudar de uma visão pra outra é algo que acontece instantaneamente. Você pode conversar sobre o assunto, mas não tem como você realmente ensinar ninguém a enxergar na televisão "um mundo ilusório de imagens íntimas", ou "apenas um aparelho ligado de televisão". É algo que só se pode descobrir e experimentar por conta própria, por mais e por melhor que você fale sobre isso.

Uma pessoa ordinária diria à primeira vista que um aparelho de tv é "real", enquanto as imagens e sons produzidas por ele são ilusões. "É tudo mentira!"

As imagens e sons reproduzidos pela televisão só existem ali, nela mesma. A gente fantasia uma relação entre aquelas imagens e acontecimentos "de verdade" e, em vários aspectos, essa fantasia é útil e até mesmo "verdadeira". No entanto, a realidade imediata da natureza daquelas imagens é o vazio. São como bolhas na superfície de um rio. São luzes que acendem e apagam, sem verdadeira substância. A verdadeira "substância" daquelas imagens é a tela negra/brilhante da televisão, que fica escondida por trás das imagens que a ocupam.

Aquelas imagens e sons passando na televisão não levam para "fora da televisão", nem habitam lugar nenhum que o aparelho possa "alcançar".

A televisão é uma simulação empobrecida da mente. Se você esperava "compreender" a experiência fundamental do zen budismo, é só isso.

Mas vamos considerar agora o quanto exatamente vale "compreender". Vamos imaginar histórias absurdas:

Um alienigenazinho veio pra Terra com a família, colonizar uma vila no Brasil. Ele morava de frente pro mar e era fascinado com o oceano, com um pressentimento de que seria muito gostoso nadar. No entanto, todos os humanos já estavam mortos e o alienigenazinho nunca tinha visto um humanoide nadar.

Conversando sobre isso com um amigo, ele ouviu o seguinte:

"Tem um videocassete lá em casa e eu assisti umas fitas em que os humanos nadavam. Nem é nada complicado. É só bater os braços e as pernas..."

Confiante que já sabia nadar, porque era excepcionalmente inteligente e compreendeu muito claramente a explicação do amigo, o nosso alienigenazinho sentiu que já tinha "dominado" o oceano e nunca entrou na água. Quando ele sentia aquele chamado do mar, batia os braços e balançava as pernas onde estivesse (nunca dentro da água), e achava que estava realizando, com aquilo, o seu desejo primordial.

Outro alienigenazinho ouviu a mesma história, mas sentiu que não tinha entendido nada. Ele ficou encucado:

"Como assim, 'é só bater as pernas e os braços'? O que isso realmente quer dizer? Não faz sentido..."

Menos "inteligente", esse aí entrou na água e

foi experimentando com "bater as pernas e os braços", até aprender alguma coisa de natação...

Essa história maluca continua – não desista ainda!

Um tempo depois, eles foram visitados por um alienígena mais velho, que trabalhava de pescador e sabia tudo sobre natação. Aquele monte de moleque cinza cabeçudo se reuniu em volta do alien mais experiente, que deu uns conselhos:

"É preciso evitar a 'mão de pato', com os dedos muito abertos. É preciso evitar a 'mão de karatê', com os dedos muito retos. O método correto é um meio termo. É preciso desenvolver a 'mão de nadador'."

Aquele jovem muito esperto "compreendeu" todas essas palavras, no entanto, ao mesmo tempo, aquilo não queria dizer nada pra ele.

Tudo que ele "sabia" de natação era um conceito teórico – que, apesar de representar a realidade em palavras (basta agitar as pernas e os braços), na prática, não equivale à habilidade de deslocar seu próprio corpo na água.

"Ter na cabeça uma ideia que descreve natação" não descortina a realidade prática da natação. Ninguém poderia substituir de verdade a experiência de nadar, com uma explicação. Não produz os benefícios de nadar. É só uma alavanca fantasma, feita de pensamentos. Sem apoiar-se na realidade, é só um videogame da mente.

Se o "testinha de lua" do espaço, tão inteligentão, acreditar que também "compreendeu" a "mão de nadador" – sem experimentar com os dedos na água, mas simplesmente "compreendendo" alguma coisa qualquer, aleatória – isso vai acumular confusão por cima de confusão e será difícil parar. Isso é o que os mestres da antiguidade chamavam de "tentando ser esperto, acaba sendo inepto".

Os conselhos do pescador experiente – tão pertinentes e bem colocados – ou não servem pra nada, ou podem até atrapalhar, no caso desse rapaz. É só na prática que as ideias podem se converter em benefício.

Zen budismo não é uma teoria. Existe uma teoria, como existe uma teoria da natação, ou do jogo de dardos – mas a teoria não é a perna que leva à frente; é só a muleta que apoia às vezes.

Ninguém poderia ler um livro sobre jogar dados e, compreendendo as informações, atirar um dardo onde quisesse, logo na primeira tentativa – mas alguém pode tentar e aprender a acertar os dardos onde quiser; sem compreensão nenhuma de física, ou de matemática.

O começo da prática zen budista é tentar experimentar diretamente a própria tela da mente, onde surgem as imagens, os sons, as sensações e os pensamentos. É ao longo dessa tentativa e do desenvolvimento prático disso que os conselhos e casos são úteis. Entender demais é prejudicial a quem só entende e não tenta.

Tenha em mente que, em última análise, essas palavras e "entendimentos" são idiotas. Tudo pode ser levado longe demais. É só uma balsa para chegar à Outra Margem. Não é a Balsa Sagrada onde viver e criar seus filhos. Em última análise, está errado. Não tente se aprofundar demais em ideias, ou você vai se perder.

Por exemplo: tanto na experiência de imersão com a televisão, quanto na experiência de observá-la impessoalmente como uma "tela projetando imagens", há um objeto e um observador.

Com a mente é diferente. A mente é o próprio observador de si mesma. Estamos falando da televisão enxergar a si mesma – de um *pixel* na tela da televisão enxergar a si mesmo – e não de você olhando pra televisão.

Ao mesmo tempo estamos falando de você descobrir a si mesmo. Mas se existe um objeto "mente" que um observador interno percebe "apaziguado", então você está imaginando uma mente para apaziguar e um apaziguador que age sobre ela.

Se uma tv projeta a imagem de si mesma, a natureza dessa imagem vai ser necessariamente diferente da natureza da própria tv.

A "ideia ou compreensão da experiência do mundo como fenômeno indivisível" é necessariamente diferente dessa própria experiência.

Então não compre gato por lebre.

Coma um morango.

Eu certamente me expus à vergonha e emporcalhei o mundo com falação ociosa sobre zen; mas mesmo sem entender nada e mesmo se enganando e caindo em armadilhas, ainda é bom pensar em iluminação. É melhor do que as coisas em que todo mundo vem pensando, que simplesmente não funcionam. Pra mim, foi o zen, mas nem precisa ser zen – tem gente que se iluminou através da fé.

Sem nem sair do budismo, já mencionamos em outro volume que há uma seita devocional e muito popular – o "amidismo", ou escola da Terra

Pura – pregando que não temos o que é preciso para alcançar a iluminação nesta vida, mas que ainda podemos alcançá-la através da fé no Buda Amitabha, ou Amida (uma entidade transcendental; um deus). Os praticantes dessa seita rezam, entoando o nome do Buda Amitaba, pedindo a ele que, em sua infinita misericórdia, os ilumine. Muitos encontraram a Realização assim.

Zen budismo não é sobre isso, mas zen budismo é apenas uma das abordagens, a partir do "imenso vazio; nada sagrado"; focada exclusivamente no que é fundamental do budismo. É uma abordagem que se acomoda a certos temperamentos, mas não é a única abordagem possível.

Reza a lenda que o Sexto Patriarca se iluminou analfabeto e maltrapilho, ouvindo alguém recitar uma parte do Sutra Diamante, enquanto a busca do próprio príncipe Shakyamuni levou 12 anos. Não são raros os casos em que uma iluminação brilhante leva muitos anos, nem os casos em que ela acontece muito rápido. Parece desnecessário dizer que também não são raros os casos que se encontram entre os dois extremos, mas eu vou dizer assim mesmo.

Como coroa trançada de flores, entrelace com a sua vida incontáveis boas ações, bons sentimentos, boas palavras; incontáveis coisas e não-coisas boas, sem obsessão. Sem forçar. O que chamam de bom, às vezes é oportunismo. O que rotulam de mau, às vezes é só preconceito. É tudo muito confuso mesmo. Não esquente a cabeça, por não entender o zen. Você está jogando na loteria do paraíso – mesmo que seja difícil ganhar, ainda é melhor do que jogar na loto-fácil do inferno.

Até pensar em budismo e ler sobre isso e discutir sobre a Origem – mesmo falando besteira e ficando perdido – está enchendo a sua cabeça de boas sementes. Só acontece que é ainda melhor praticar um metro, do que falar de 100.

Não confunda a sua inteligência, nem a sua boa vontade com cavaleiros sagrados e todo-poderosos que vão te salvar. É pensando assim que as pessoas se juntam numa grande cruzada "sagrada" e "racional" pra atormentar os outros.

Relaxe. Não se agarre a nada. Permita-se ser surpreendido pela realidade.

Quer ver como até as coisas mais óbvias podem surpreender?

Na antiguidade, muita gente usava trapos e restos de pano para limpar o cu depois de cagar. Esses trapos eram atirados por todos os lados, onde às vezes monges os recolhiam.

Depois de lavar esses panos e de remover as partes irrecuperáveis, sobrava o que era considerado o tecido **MAIS PURO** para fazer uma túnica de remendos; que é o **MELHOR TIPO** de túnica!

Sei que muitos se surpreendem com isso, mas o poder dessa túnica é profundo e inquestionável. Você precisa descobri-lo por conta própria.

Então, se ninguém cagar num pano e jogar na rua – se ninguém recolher trapos velhos cagados dos outros, para remendar – como é que um monge poderia se cobrir com elegância?

Já bem vestidos, que tal meditar de verdade?

Nadando com os prédios no céu, agora
Kerozene

Índice:

Prefácio	6
Da antiguidade ao hip hop	12
Harmonizando os dez corpos de Buda	13
Juntando as mãos	15
Origem	16
De um prefácio de Dogen	17
Dogen recomenda zazen	18
Maitreya revivido	23
Tributo a Hotei	27
Maitreya renascendo sempre	28
Um santo e um ladrão	29
Completo e inclui tudo	33
O rio	34
De carro caro, mas sem gasolina	35
Nada à sua frente	36
Coroa de flores	38
Até uma criança, mas nem um velho	39
Po Chu-i	45
De um típico mestre baderneiro	46
O dragão do poço escuro	47
Prevendo o futuro	49
Dojoyaburi	51
O dedo de Gutei	52
O sermão da flor	55
Espada língua-lábios zen	57
Discurso de um monge à assembleia, em 1250	59
Ikkyu resume o caso	71
Satisfeito apegando-se a nada	72
As Três Joias	73
Leve com você	74
As Três Verdades	76
A jornada	80

Você vai e volta de novo	81
Jogue fora	82
O retorno de Buda, depois da travessia	83
Samadhi [capítulo rodapé]	84
Dois andares, ou cabeça e bunda?	87
Desabrochando a sabedoria de Buda	91
Procurando pelo boi	93
Minucioso demais	115
Ikkyu: de novo e para sempre	116
Mais uma escamada de Joshu à assembleia	117
Tudo mentira!	119
Biografia zen	124
Hakuin e o "Velho do Eremitério Shoju"	127
Hakuin: Cântico do Zazen	130
Hakuin: meditar de verdade	132
Mais braços pra Kannon	134
Ostinato do Canto dos Vales de So Shoku	135
Dogen: Montanhas e águas são sutras	137
Kerozene: Montanhas nadam de braçada	155
Fudaishi	162
A espada que mata, enquanto faz viver	164
Cascos de cavalo	165
Pregando palavras	168
Resposta em branco	170
A mente é buda	171
Indiscreto	172
Abrindo o baú	173
Hotei apontando para a lua	182
Explicando a não-explicação	184
A iluminação de Rinzai	185
Perceba imediatamente	188
Kyogen, a vassoura e o bambu	189
De mais um prefácio interessante	192
Canto iluminado	193

Mesmo entre as colinas verdejantes	194
Por quê?	195
Dias na capital	196
Guo Xiang	197
Universidade samurai	198
Estação Ryokan	200
Estação Montanha Fria	208
101[101] koans	220
O zen dos professores milenares	224
Fome e sede	226
É só isso	228
Cerimônia fúnebre	229
Travessia Escorrendo Caquis	231
Estação Wu Cheng'en	235
Chiyono se molha do balde	242
Com bastante atenção	243
Quem escapa à roda da vida e da morte?	244
Orvalho	245
Despedida	246
De um mendigo andarilho	247
Um coelho branco	248
As Cinco Patentes	250
Barbearia zen	252
Pensando na terra natal	254
Espelhos de novo	257
Explicando até passar vergonha	258
Você ainda está esperando?	259
Quem amadurece, quer sair de casa	260
Uma questão proposta pelo Buda	261
Cacos e bocados	262
Luz	270
Li Po acorda bêbado e é primavera	271
[Grito]	272
Com sobremesa e saideira	274

E epílogo e posfácio! 276
Sujando tudo de bosta e saindo correndo 278

Made in the USA
Columbia, SC
18 February 2023